365 DIAS
— DE —
BEM-ESTAR
➤➤ PLANNER ➤➤

365 DIAS
—DE—
BEM-ESTAR
⇢PLANNER⇠

FONTANAR

Copyright do texto © 2020 by Carolina Chagas
Copyright do projeto gráfico © 2020 by Tereza Bettinardi

O selo Fontanar foi licenciado pela Editora Schwarcz S.A.

Grafia atualizada segundo o Acordo Ortográfico da Língua Portuguesa de 1990, que entrou em vigor no Brasil em 2009.

CAPA, PROJETO GRÁFICO E ILUSTRAÇÕES Tereza Bettinardi
ILUSTRAÇÕES DAS PP. 14, 32, 74, 99, 140, 141, 143, 144, 147, 169, 211, 213, 214, 215, 216, 219, 283, 285, 287 E 288 Shutterstock
PREPARAÇÃO Angélica Andrade
REVISÃO Adriana Bairrada e Renata Lopes Del Nero

Dados Internacionais de Catalogação na Publicação (CIP)
(Câmara Brasileira do Livro, SP, Brasil)

   Chagas, Carolina
     365 dias de bem-estar — Planner / Carolina Chagas. — 1ª ed. — São Paulo: Fontanar, 2020.

     ISBN 978-85-8439-181-3

     1. Agendas 2. Organização 3. Planejamento I. Título.

20-41777   CDD-808.883

Índice para catálogo sistemático:
1. Planner Fontanar : Organização : Literatura 808.883
Cibele Maria Dias — Bibliotecária — CRB-8/8427

2ª reimpressão

Todos os direitos desta edição reservados à
EDITORA SCHWARCZ S.A.
Rua Bandeira Paulista, 702, cj. 32
04532-002 — São Paulo — SP
Telefone: (11) 3707-3500
www.facebook.com/Fontanar.br

9	Dados pessoais	120	**MAIO**
12	Abertura	122	Calendário mensal
16	10 decisões de pessoas felizes	134	Minhas finanças
26	Mandala da satisfação	136	Balanço do mês
28	Como aproveitar cada fase da lua	139	O melhor de maio
30	**JANEIRO**	140	*Inverno*
32	Realizando um sonho: ETAPA 1	141	Esquente o corpo e a alma
34	Calendário mensal	142	Sopa: a melhor companheira de inverno
46	Minhas finanças	144	Cinco drinques para aquecer (porque ninguém é de ferro!)
48	Balanço do mês	145	10 bons hábitos diários para adotar neste inverno
51	O melhor de janeiro	146	Cuidados para o corpo e a saúde
52	**FEVEREIRO**	147	Bom momento para reformas e consertos
54	Calendário mensal		
66	Minhas finanças	148	**JUNHO**
68	Balanço do mês	150	Calendário mensal
71	O melhor de fevereiro	162	Minhas finanças
		164	Balanço do mês
72	*Outono*	167	O melhor de junho
73	Limpeza geral		
73	Dieta detox	168	**JULHO**
75	Cuidados com a casa	171	Realizando um sonho: ETAPA 3
76	Cuidados para o corpo e a alma	172	Calendário mensal
78	**MARÇO**	184	Minhas finanças
80	Calendário mensal	186	Balanço do mês
92	Minhas finanças	189	O melhor de julho
94	Balanço do mês		
97	O melhor de março		
98	**ABRIL**		
101	Realizando um sonho: ETAPA 2		
102	Calendário mensal		
114	Minhas finanças		
116	Balanço do mês		
119	O melhor de abril		

190	**AGOSTO**	282	*Verão*
192	Calendário mensal	283	5 dicas para aproveitar os dias ensolarados
204	Minhas finanças		
206	Balanço do mês	283	Cuidados especiais para a pele
209	O melhor de agosto	284	Para começar bem a estação
210	*Primavera*	284	Receitinhas testadas e aprovadas para iluminar o seu verão
211	Arrumando o guarda-roupa		
212	Adube seus relacionamentos	286	Três remédios naturais para curar ressaca
213	Comece bem o dia		
214	Como montar um cardápio primaveril	286	Cuidados para a casa
218	Bebidas coloridas	290	**DEZEMBRO**
		292	Calendário mensal
220	**SETEMBRO**	304	Minhas finanças
222	Calendário mensal	306	Balanço do mês
234	Minhas finanças	309	O melhor de dezembro
236	Balanço do mês		
239	O melhor de setembro	310	Anote seus sonhos
		338	Balanço geral
240	**OUTUBRO**	346	Palavras finais
243	Realizando um sonho: ETAPA 4	348	Mandala da satisfação
		350	Calendários
244	Calendário mensal		
256	Minhas finanças		
258	Balanço do mês		
261	O melhor de outubro		
262	**NOVEMBRO**		
264	Calendário mensal		
276	Minhas finanças		
278	Balanço do mês		
281	O melhor de novembro		

ESCOLHA UMA CANETA GOSTOSA E
CAPRICHE NA LETRA AO PREENCHER
OS DADOS A SEGUIR:

ESTE PLANNER PERTENCE A

NOME

_____

_____

DIA, HORA E LOCAL DE NASCIMENTO

_____

_____

MÚSICA FAVORITA

PARA VIAJAR

_____

_____

PARA DANÇAR

_____

_____

PARA ESTUDAR

_____

_____

PARA NÃO FAZER NADA

_____

_____

O QUE GOSTO DE FAZER DE MANHÃ

_____

_____

O QUE GOSTO DE FAZER À TARDE

_____

_____

O QUE GOSTO DE FAZER À NOITE

_____

_____

EM QUE MOMENTO DO DIA TENHO MAIS DISPOSIÇÃO

_____

O QUE ME FAZ MORRER DE RIR

_____

_____

A ÚLTIMA COISA QUE ME FEZ CHORAR

_____

_____

PARA QUEM EU DISSE "TE AMO" RECENTEMENTE

_____

DOIS LIVROS QUE ADOREI

1 _____

2 _____

UM LIVRO QUE EU GOSTARIA DE RELER

_____

_____

GÊNERO DE FILME FAVORITO

COR FAVORITA

COR QUE PREDOMINA EM
MEU GUARDA-ROUPA

COR QUE PREDOMINA NA MINHA
GAVETA DE ROUPAS ÍNTIMAS

BEBIDA FAVORITA

COMIDA FAVORITA

A VERDURA QUE MAIS COMO

UMA FRUTA QUE NUNCA FALTA EM CASA

LUGAR FAVORITO

UM LUGAR QUE EU GOSTARIA
DE CONHECER

POR QUE EU GOSTARIA DE CONHECÊ-LO

TRÊS COISAS PELAS QUAIS
SINTO GRATIDÃO

1
2
3

APRENDI COM MINHA FAMÍLIA

MELHOR LUGAR PARA NÃO FAZER NADA

DO QUE EU MAIS GOSTO NO MEU CORPO

O QUE FAÇO PARA ME CUIDAR

TRÊS COISAS QUE ME FAZEM SER EU

1
2
3

MINHA MAIOR QUALIDADE

MEU MAIOR DESAFIO

O futuro está em suas mãos. Literalmente. Este planner contém os próximos 365 dias da sua existência, além de várias sugestões para aproveitar melhor o tempo, se conhecer e ampliar a sua percepção de mundo, explorando os benefícios que cada etapa do ano proporciona. Ele vai ajudar você a visualizar todos os compromissos do dia, da semana e do mês (anote tudo, sem moderação) e a organizá-los, definindo metas para alcançar seus propósitos e realizar seus sonhos. Não encare nada como uma lista de obrigações. Use as páginas a seguir como fizer mais sentido para o seu dia a dia.

Este planner é um espaço off-line para atualizar com lápis e caneta, arriscar desenhos e lembrar que não são necessárias sincronizações e atualizações automáticas nem baterias recarregáveis para levar uma vida feliz.

Como "efeito colateral" do uso contínuo destas páginas, talvez você volte a gostar da sua letra, tenha vontade de anotar coisas agradáveis que ocorreram durante o dia e retome o hábito de rabiscar despreocupadamente. Talvez descubra que não é tão dependente de celular e tomada quanto achava, e que, com tinta, grafite e papel, é possível estabelecer objetivos, reduzir o nível de ansiedade e concretizar vontades.

Alertas dados, vamos a uma pequena descrição do que você vai encontrar a seguir: o ano está dividido em meses, semanas e dias. No início de cada estação, há dicas de rituais de saúde, beleza e boas energias, exercícios para o corpo e a mente compatíveis com aquele momento, e ideias para organizar a casa e mantê-la limpa e arejada.

Todo mês será guiado por uma "palavra-propósito", ou seja, um compromisso para aquele período — como gratidão (por quem você é), abertura (para conhecer

> **Permanecer NO PRESENTE é a melhor forma de construir um FUTURO MELHOR"**

lugares novos, ideias diferentes) ou confiança (nos talentos que você tem, no que você tem a oferecer ao mundo). Também há listas com os ingredientes mais frescos da época, exercícios de meditação e respiração, e um "balanço do mês", para anotar livros, séries, consultas médicas e gastos desse período. Uma página especial vai ajudar você a relembrar as descobertas, os bons momentos e os aprendizados dos últimos trinta dias. Ao final, o tópico "minhas finanças" ajudará você a controlar gastos e investimentos.

"Realizando um sonho" é uma parte dedicada especialmente ao desenvolvimento de um projeto pessoal — despertar um talento oculto, planejar uma viagem ou até mesmo começar um pequeno empreendimento, conferindo um novo rumo à sua carreira. Além disso, o que passa pela sua cabeça quando está dormindo ganhará destaque: ao

final do planner, você vai encontrar dicas para lembrar dos sonhos e um cantinho separado para escrever sobre eles.

 Numa época em que os estímulos vêm de todos os lados e a sensação de estar perdendo alguma coisa muito importante é frequente, assumir as rédeas do seu tempo com planejamento e cuidado pode ser libertador. Permanecer no presente, com um pouco de disciplina e alegria de viver, é a melhor forma de construir um futuro melhor. E não é esse um dos maiores desejos de todo início de ano?

 Mãos à obra. O futuro é seu, mas vamos começar pelo presente — que, como nossa língua-mãe nos ensina, é uma dádiva.

agora é com você

Na última página deste planner, escreva uma carta para você. Vale qualquer assunto: um sentimento, um sonho, uma viagem, um interesse, um desejo... Quando terminar, dobre a página ao meio e abra-a somente no último dia do ano. Pode acreditar, vai ser muito legal ler essas palavras daqui a 365 dias.

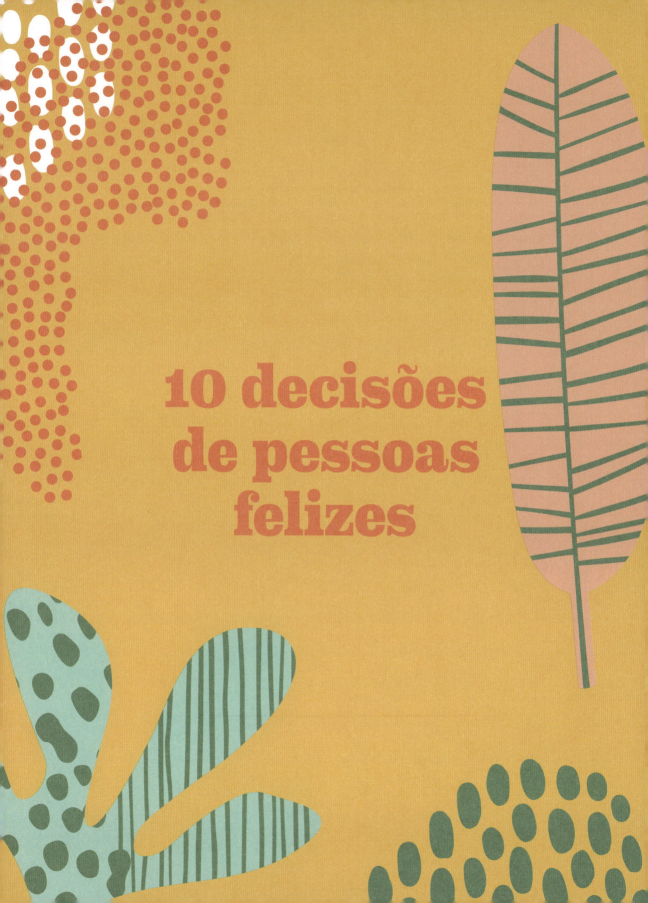

1 **Sorrir mais**	**6** **Começar a meditar**
2 **Planejar uma viagem**	**7** **Morar perto do trabalho**
3 **Exercer a gratidão**	**8** **Praticar exercícios físicos**
4 **Ajudar os outros**	**9** **Ficar mais próximo da natureza**
5 **Dormir mais**	**10** **Estar em paz com a família**

SEJA GENTIL
COM VOCÊ,
COM OS OUTROS
E COM
**O MUNDO
AO SEU
REDOR.**

SEMPRE HÁ TEMPO PARA **APRENDER E CRESCER.**

NÃO SE LEVE
**TÃO A
SÉRIO.**
RIR É UM
**ÓTIMO
PROJETO.**

SE É
DIVERTIDO,
NÃO É
TEMPO
PERDIDO.

mandala
da satisfação

A intenção deste exercício é criar um retrato dos seus sentimentos em relação aos vários aspectos da sua vida neste momento. Quando o ano acabar, você poderá repeti-lo e refletir sobre as diferenças, sem julgamentos.

Vamos lá: o círculo mais próximo do centro da mandala corresponde à nota 1, indicando o menor nível de satisfação; o segundo, à nota 2; e assim gradativamente até o último, mais distante do centro, que corresponde à nota 10 e indica o maior nível de satisfação.

Pense com calma sobre cada aspecto proposto e, em seguida, preencha com lápis ou caneta o nível da mandala que representa a nota que você tem em mente. Se quiser que sua mandala fique mais bonita, escolha cores diferentes para pintar cada uma das doze fatias.

1 Você está feliz com a sua imagem?

2 Como vai a sua vida financeira?

3 Você consegue expressar seus pensamentos e emoções?

4 Como está a relação com a sua família?

5 Você anda se divertindo?

6 Você está saudável?

7 Como vão os relacionamentos afetivos?

8 E a sua vida sexual?

9 Quanto tempo você dedica a aprender coisas novas e a viajar?

10 Você está contente com a sua carreira?

11 A relação com os amigos está boa?

12 Que nota você daria para sua interação com o mundo ao redor?

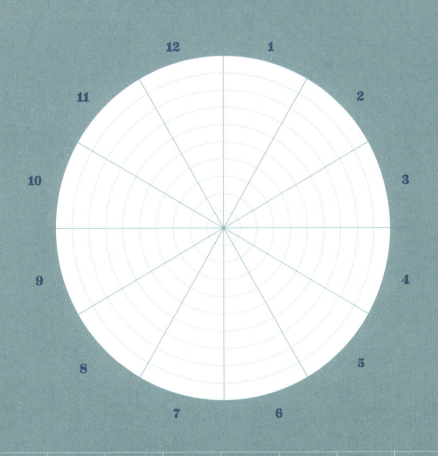

como aproveitar cada fase da lua

Houve um tempo em que as pessoas prestavam mais atenção nos ciclos da natureza. Todos observavam e respeitavam as fases da lua, pois sabiam que o mundo natural se transformava de acordo com elas. As antigas parteiras, por exemplo, se preparavam para trabalhar mais nos dias em que a lua estava em transição. Hoje, os surfistas são alguns dos que ainda percebem os efeitos da lua na maré e nas ondas. O *365 dias de bem-estar* convida você a tomar banhos de lua e a aproveitar o que cada uma de suas fases oferece de melhor. Aí vão algumas dicas do que fazer:

LUA NOVA

- começar projetos
- fazer planos
- tirar ideias do papel
- fechar contratos e parcerias
- assinar documentos e acordos
- expandir a rede de contatos
- limpar a caixa de entrada do e-mail
- pedir um aumento no trabalho
- candidatar-se a um cargo novo
- publicar balanços financeiros
- abrir processos judiciais
- marcar um encontro com alguém em quem esteja interessado
- fazer sexo (casual ou não)
- elaborar listas
- limpar e organizar o seu espaço pessoal

LUA CRESCENTE

- lançar campanhas de marketing e divulgação
- promover a imagem de empresas e pessoas
- eliminar atividades improdutivas
- cortar gastos desnecessários
- trabalhar com força total para levar projetos e ideias adiante
- buscar financiamentos e consultorias
- anunciar aumentos
- pagar bônus
- cortar o cabelo (se quiser que ele cresça rápido)
- encontrar parceiros e trocar ideias
- resolver pequenos desentendimentos
- aproveitar o erotismo acentuado e passar mais tempo na cama
- esquivar-se dos regimes

LUA CHEIA

- impulsionar lançamentos e estreias de todos os tipos (livros, campanhas, peças, filmes, shows)
- compartilhar projetos com pessoas confiáveis
- comemorar pequenas e grandes vitórias
- celebrar casamentos
- sair para festejar com amigos
- paquerar
- promover eventos (na lua cheia as pessoas ficam mais propensas a sair de casa e se encontrar)
- fazer tratamentos capilares para aumentar o volume e a qualidade dos fios
- realizar procedimentos estéticos
- estrear roupas novas
- desistir de algo sem enfrentar grandes conflitos
- verificar suas listas e investir energia no que está pendente
- limpar amuletos e objetos que dão sorte, intensificando seus efeitos
- praticar rituais de limpeza espiritual e relaxamentos

LUA MINGUANTE

- demitir alguém ou sair do trabalho
- fazer doações
- cortar o cabelo (se quiser que ele demore para crescer)
- pintar o cabelo
- depilar-se
- discutir a relação com o parceiro e resolver conflitos
- desapegar-se de tudo que não faz mais sentido
- observar a cicatrização rápida de cortes e feridas
- começar uma dieta detox
- recolher-se para refletir
- ouvir a voz interior e confiar na intuição
- meditar e descansar

janeiro

**TENHA EM
SUAS RECEITAS**

O que está fresquinho neste mês:

- **FRUTAS:** abacate, abacaxi, ameixa, caju, carambola, coco verde, figo, framboesa, fruta-do-conde, jaca, laranja-pera, mamão, manga, maracujá, melancia, nectarina, pera e uva.
- **VERDURAS:** alface, cebolinha, couve e salsa.
- **LEGUMES:** abóbora, abobrinha, beterraba, berinjela, cenoura, maxixe, pepino, pimentão, quiabo e tomate.

MENTE QUIETA E CORAÇÃO BATENDO
Respiração de quatro segundos

Respirar é um movimento involuntário do nosso corpo e um dos poucos processos vitais em que podemos interferir. Prestar atenção no ar que inalamos e exalamos nos ajuda a desacelerar, conservando a paz e o silêncio interiores. Muitas práticas meditativas utilizam a respiração de seis segundos ao longo de quinze minutos como um caminho para o autoconhecimento. Para chegar a ela, porém, vamos precisar praticar. Em janeiro, nosso objetivo é realizar o exercício da respiração de quatro segundos.

Vamos lá: encontre um lugar tranquilo e, se possível, com luz natural. Sente-se de forma confortável, com a coluna ereta, e feche os olhos. Inspire calmamente pelo nariz, segure o fôlego e, depois, expire todo o ar pela boca. Antes de repetir a sequência, suspenda a respiração. Cada etapa — inspiração, pausa, exalação e pausa outra vez — deve durar mais ou menos quatro segundos. Se for muito difícil prender o fôlego por tanto tempo, faça pausas de dois segundos até se acostumar.

Tente realizar esse exercício três vezes na semana por um minuto, depois evolua para dois, três, quatro... até que, no fim do mês, você seja capaz de cuidar da sua respiração durante cinco minutos ininterruptos.

Não force nenhuma parte do processo. Não tente inspirar e expirar profundamente. A ideia é que a prática seja agradável e suave, ajudando você a cultivar a tranquilidade, a calma e a constância.

PALAVRA-PROPÓSITO
entrega

Apesar de muitas vezes ser relacionada à submissão e à desistência, essa palavra é poderosa. Trata-se de abrir mão das expectativas e do controle, aceitando quem somos. Praticar a entrega significa permanecer no presente e ser verdadeiro consigo mesmo, cultivando a paz e a calma, mesmo quando passamos por situações difíceis. Compreender que cada sentimento é uma gota de chuva dentro de um lago e que somos formados por uma mescla de sensações — boas ou não — é muito libertador. Aceitar nossos limites nos ajuda a definir quem somos e reforça a forma como nos posicionamos no mundo. A ideia deste mês é que você se renda a quem é e tome posse por inteiro de suas qualidades e de seus defeitos.

realizando um sonho

O objetivo do *365 dias de bem-estar* é estimular o seu desenvolvimento físico, emocional, espiritual e econômico. Pensando nisso, esta parte foi especialmente reservada para ajudar você a tirar um sonho do campo ideal e torná-lo real. Em doze meses.

Na hora de sonhar, o céu é o limite: realizar uma viagem, investir dinheiro para ter um pé-de-meia no futuro, montar um negócio, transformar um talento numa fonte rentável, aprender uma língua, desenvolver um hobby, planejar um encontro com os amigos de antigamente ou dar uma superfesta de aniversário para comemorar uma data redonda — tudo parece incrível e distante, mas não é impossível!

Realizar um sonho gera um efeito dominó — o primeiro impulsiona o segundo, o segundo impulsiona o terceiro, e assim por diante. A ideia aqui é montar um projeto e se disciplinar para levá-lo a cabo. Assim você será estimulado a dar um passo à frente para conquistar o que é seu ou fazer algumas viagens e trazer o que parece distante para mais perto de você.

Para isso vamos dividir o projeto em quatro etapas, uma a cada trimestre do ano. Você vai encontrar os passos seguintes nas páginas 101, 171 e 243.

etapa 1
definindo o sonho

Não é fácil decidir qual sonho você quer realizar primeiro. Afinal, há várias coisas que você gostaria de ver acontecendo, não é mesmo? Vamos começar do começo: liste dez sonhos e leia essa lista antes de dormir. Na manhã seguinte, selecione três cuja não realização deixariam você muito infeliz e esqueça os outros sete — sem um foco, vai ser difícil agir. Dos três que restaram, qual tem mais possibilidade de se concretizar em doze meses? Apegue-se a ele e guarde os outros dois num lugar seguro, onde você possa visitá-los de tempos em tempos.

Agora, tente definir o sonho escolhido em uma frase (por exemplo, "morar de frente para o mar", "ter um horário mais flexível", "conhecer Machu Picchu" ou "conquistar uma saúde de ferro"). Pode parecer simples, mas esse exercício costuma ser bem complicado.

> **Aproveite o início deste trimestre para fazer uma FAXINA FINANCEIRA"**

QUANTO CUSTA SEU SONHO?

Ter uma ideia de quanto dinheiro será necessário é o próximo passo — conversar com pessoas que já realizaram sonhos similares pode ajudar. Ainda não é hora de caprichar nessa área, mas você pode fazer uma pesquisa rápida e ver se esse desejo cabe no seu orçamento. A chance de você ter de economizar é grande.

Se for o caso, aproveite o início deste trimestre para fazer uma faxina financeira. Verifique todos os gastos — celular, internet, transporte — e contas no débito automático. Coloque tudo no papel e pense em como economizar. Você usa mesmo o plano que paga de celular ou a Netflix? Dá para pagar menos por esses serviços? Você está indo muito ao restaurante ou abusando do delivery? Não seria melhor aprender a cozinhar (e aproveitar para reunir os amigos na mesa de jantar) ou contratar alguém para isso? E que tal consultar as linhas disponíveis de metrô e ônibus para ir ao trabalho em vez de gastar com gasolina e manutenção de carro? É muito comum que a gente pague mais do que usa de fato. Corte o desnecessário, calcule quanto dinheiro vai sobrar e prepare-se para investi-lo no seu sonho!

ANOTAÇÕES

Aproveite este espaço para registrar, com o código de cores proposto, seu humor em cada dia do mês.

CÓDIGO DE CORES PARA O ANO TODO*

- [ ] **alegre positivo**
- [ ] **calmo equilibrado**
- [ ] **ativo entusiasmado**
- [ ] **ansioso preocupado**
- [ ] **bravo irritado**
- [ ] **normal neutro**
- [ ] ....
  (outra palavra que expresse melhor o seu ânimo)

* Pinte o círculo de cada dia com a cor que representa seu humor.

segunda	terça	quarta
○	○	○
○	○	○
○	○	○
○	○	○
○	○	○
○	○	○

SEMANA 1

Aceite o que você não pode mudar

Os povos nativos do Alasca têm a crença muito especial de que devemos aceitar o que a vida nos dá, principalmente aquilo que não pode ser mudado. Podemos alterar muitos aspectos de nossa vida — atitudes, hábitos, palavras —, mas há outros que não dependem de nós e, por isso, estão fora do nosso controle. Comece a semana pensando sobre situações que você não pode mudar e frequentemente fazem você se sentir triste, ansioso ou impotente. Todos os dias, pela manhã, reflita sobre essas ocasiões, aceitando que não pode controlá-las. Depois, mentalize algo que você *pode* fazer e que te faz bem.

NOTAS

NÃO ESQUECER

○ **segunda**

○ **terça**

○ **quarta**

○ **quinta**

○ **sexta**

○ **sábado**

○ **domingo**

SEMANA 2
Reconheça os seus medos

Nesta semana, liste cinco coisas que te dão medo e limitam sua capacidade de agir. O receio de falar em público impede que você avance na carreira? O temor de besouros torna uma caminhada ao ar livre um verdadeiro pesadelo? O pavor de cães faz você usar as escadas para não encontrar a vizinha com o filhote no elevador? Anote cada medo em uma folha de papel. Todos os dias, pegue uma e escreva: "Eu me rendo ao meu medo de [insira aqui um item da lista]". Dobre o papel e guarde-o. Você não vai se curar desses temores em um passo de mágica, mas vai mudar sua relação com eles. Ao final da semana, jogue fora todos os papéis.

NOTAS

NÃO ESQUECER

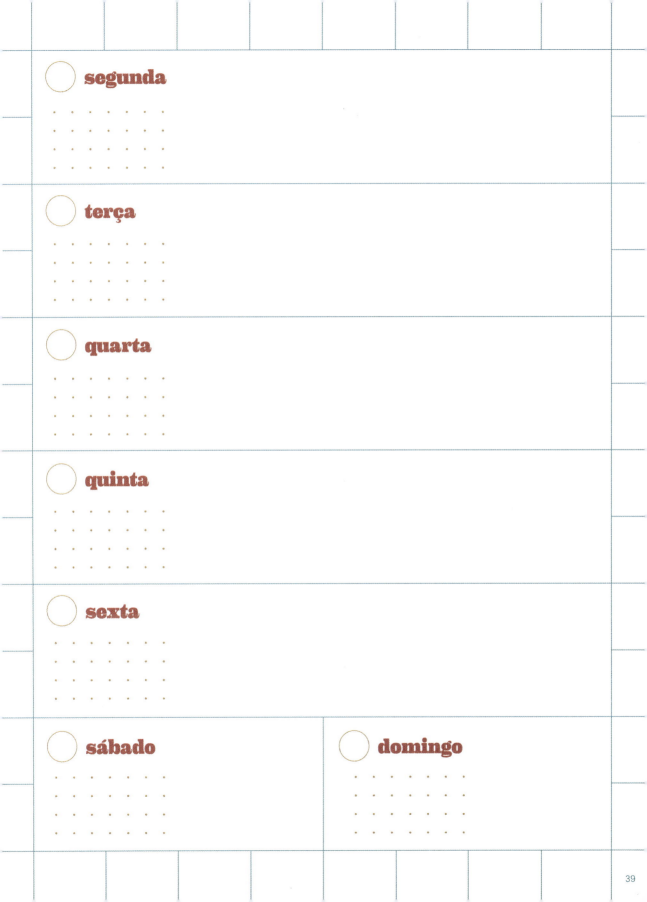

SEMANA 3
Aprenda com o que te deixa pouco à vontade

Do que você menos gostava na escola: aulas de educação física ou tarefa de matemática? O que tem menos a ver com a sua personalidade: uma noite com os amigos ou um fim de tarde com um bom livro e sua série favorita? O desafio desta semana é aprender com aquilo que gera desconforto. Pense em três situações que não são a sua praia e reflita a respeito do que elas dizem sobre você. Que tal embarcar em uma delas? Saber do que não gostamos é muito importante, mas manter a mente aberta também é. Nunca se sabe o que pode acontecer.

NOTAS

NÃO ESQUECER

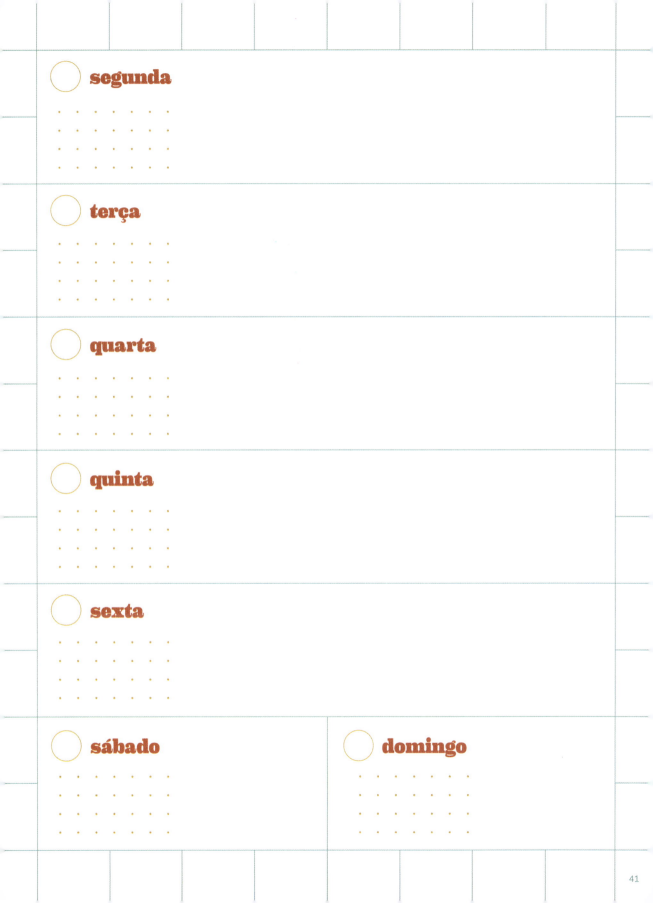

SEMANA 4
Combata a negatividade

Nesta semana, use um dos significados menos queridos da palavra "entrega" a seu favor: desista da negatividade. É fácil. Se você odeia lavar roupa, tente fazer isso ouvindo sua playlist favorita. Enfrente seu desgosto pelo Excel oferecendo a si mesmo uma taça de vinho num bar bonito, uma massagem ou uma ida ao cinema como recompensa pelo trabalho. Ouvir um podcast engraçado, que faça você chorar de rir, deixa o trânsito muito mais suportável depois de um dia cansativo. Tente não encarar as dificuldades de maneira negativa e usar essa energia para cultivar algo que te faz bem.

NOTAS

NÃO ESQUECER

○ **segunda**

○ **terça**

○ **quarta**

○ **quinta**

○ **sexta**

○ **sábado**

○ **domingo**

SEMANA 5
Peça ajuda

Não há mal nenhum em pedir ajuda. Aceitar fragilidades e limites é um dos passos mais importantes para o processo de humanização e crescimento pessoal. Nesta semana, pense nas suas fraquezas, necessidades, medos. Você está dando conta de lidar com tudo isso sozinho? Seria mais fácil se houvesse um ombro amigo? Se a resposta for "sim", peça um colo para alguém em quem você confia. Divida com amigos seus problemas, troque ideias. Você pode acabar descobrindo que tem mais gente sentindo a mesma coisa. Se julgar necessário, busque ajuda profissional. Há pessoas especializadas em nos auxiliar a reconhecer nossos padrões de comportamento e, se for preciso, superá-los.

NOTAS

NÃO ESQUECER

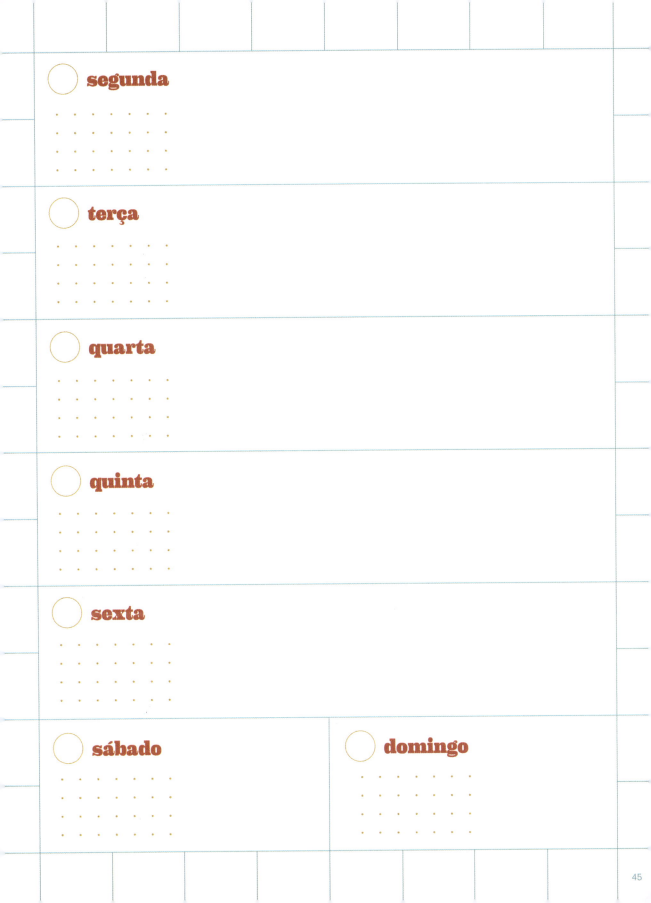

minhas finanças

despesas fixas

DATA	CONTA	VALOR

TOTAL

balanço do mês

SALDO ANTERIOR ....

TOTAL ENTRADAS ....

TOTAL SAÍDAS ....

SALDO ATUAL ....

POUPANÇA ....

entradas

despesas variáveis

DATA	CONTA	VALOR

TOTAL

DATA	CONTA	VALOR

TOTAL

BALANÇO DO MÊS

Anote aqui livros, séries, filmes e músicas que você descobriu nos últimos 31 dias.

Para registrar as suas descobertas, use três canetas de cores diferentes. A primeira para o que você adorou, a segunda para o que achou o.k. e a terceira para o que não gostou. Pinte as bolinhas no topo da página para que sirvam de guia.

◯ **AMEI**   ◯ **GOSTEI**   ◯ **NÃO É PRA MIM**

METAS ALCANÇADAS

O MELHOR DE
janeiro

PRECISO MELHORAR

⫸ OS CINCO MELHORES MOMENTOS

fevereiro

TENHA EM SUAS RECEITAS

O que está fresquinho neste mês:

- **FRUTAS:** abacate, ameixa, carambola, coco verde, figo, fruta-do-conde, goiaba, jabuticaba, jaca, limão, maçã, pera, pêssego, pitaia, seriguela e uva.
- **VERDURAS:** acelga, chicória, escarola, hortelã, salsão e repolho.
- **LEGUMES:** abóbora, cenoura, chuchu, gengibre, milho-verde, pepino, pimentão, quiabo e tomate.

MENTE QUIETA E CORAÇÃO BATENDO
Respiração de cinco segundos

Neste mês, vamos dar um passo adiante, exercitando a respiração de cinco segundos. As etapas são as mesmas da prática de janeiro: encontre um lugar tranquilo e, se possível, com luz natural. Sente-se de forma confortável, com a coluna ereta, e feche os olhos. Inspire calmamente pelo nariz, segure o fôlego e, depois, expire todo o ar pela boca. Antes de repetir a sequência, suspenda a respiração. Dessa vez, cada etapa deve durar mais ou menos cinco segundos. Se for muito difícil prender o fôlego por tanto tempo, faça pausas de três segundos até se acostumar.

Comece praticando três vezes na semana durante seis minutos, depois evolua até ser capaz de cuidar da sua respiração por dez minutos completos.

Lembre-se: não force nenhuma parte do processo. Não tente inspirar e expirar profundamente. A ideia é que a prática seja agradável e suave, ajudando você a cultivar a tranquilidade, a calma e a constância.

PALAVRA-PROPÓSITO
abertura

Taí um presente que você pode dar a si mesmo e vai durar a vida inteira, fazendo um bem danado: um coração e uma mente abertos para o que vier. Você não precisa ser definido por seus medos, ansiedades, restrições, julgamentos, nem ser refém deles o tempo todo. Ao se abrir para o que a vida tem a oferecer, você será capaz de reconhecer suas forças e fraquezas, firmar parcerias mais sinceras e melhorar sua capacidade de decisão. Esteja pronto para abraçar o desconhecido, achar o lado bom de uma situação complicada e aprender com o novo.

ANOTAÇÕES
Aproveite este espaço para registrar, com o código de cores proposto, seu humor em cada dia do mês.

segunda	terça	quarta
○	○	○
○	○	○
○	○	○
○	○	○
○	○	○
○	○	○

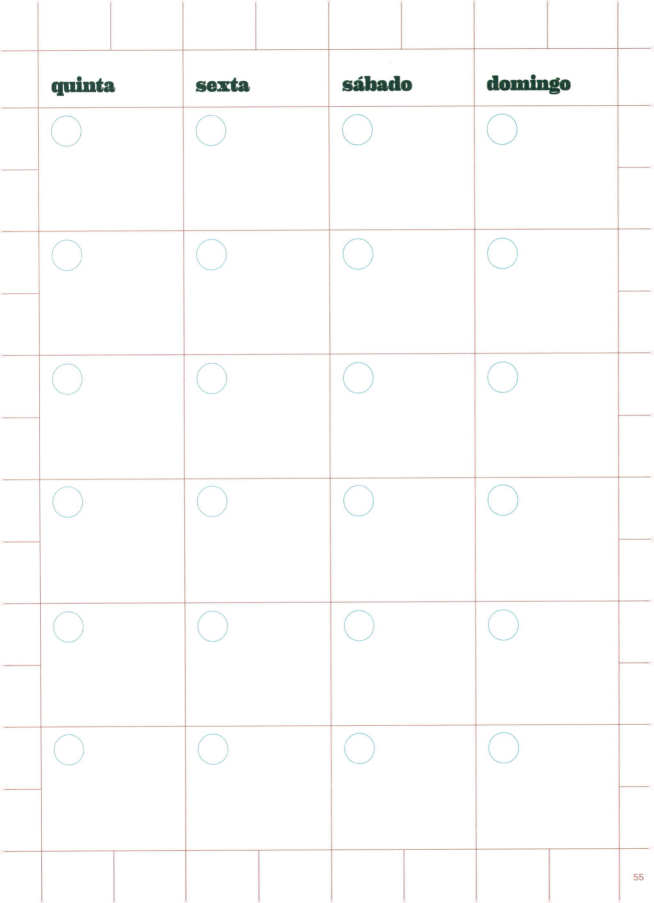

SEMANA 1
Quebre rotinas

Ir contra uma rotina estabelecida é uma das melhores formas de se abrir para o novo. Nesta semana, faça um caminho diferente do usual para chegar ao trabalho ou voltar para casa. Você também pode tentar um novo meio de transporte. Vá às compras sem uma lista, ou, se for do tipo impetuoso, experimente listar os produtos que faltam antes de ir ao mercado. Mude o horário em que toma banho. Assista a um filme de um gênero que não costuma ver. Esteja aberto a se divertir com as mudanças que esses pequenos "desvios de rota" trarão para a sua semana.

NOTAS

NÃO ESQUECER

SEMANA 2
Mude o ponto de vista

Enxergar as coisas de outro ângulo faz muito bem à alma, ao cérebro e ao corpo. Na década de 1970, uma das bailarinas mais importantes do Brasil, Angel Vianna, instruía seus alunos a mudarem constantemente de posição dentro da sala durante os ensaios e encontros semanais — era uma forma de preparar o corpo para qualquer situação, no palco e na vida. Nesta semana, sente-se em outro lado da mesa ou do sofá, mude a posição de dormir, observe sua casa a partir do outro lado da calçada. Vá almoçar uma hora mais cedo (ou mais tarde) do que o usual e, se possível, sente-se num canto onde nunca esteve. Se quiser ir mais longe, leia (até o fim) o livro de um autor que pensa muito diferente de você. É possível que você fique incomodado com essas ações, mas é justamente essa a ideia. Experimente as mudanças e veja o que isso provoca em seu jeito de pensar.

NOTAS

NÃO ESQUECER

○ **segunda**

○ **terça**

○ **quarta**

○ **quinta**

○ **sexta**

○ **sábado**   ○ **domingo**

SEMANA 3
Planeje uma aventura
Pesquise lugares e experiências famosos da região onde você mora aos quais nunca tenha prestado muita atenção — pode ser um restaurante, um templo, um bar, uma danceteria, uma igreja, um parque, uma peça de teatro. Escolha um e leia os relatos das pessoas que estiveram ali ou fizeram aquela atividade, listando cinco coisas que deixaram você curioso. Depois será a sua vez! Planeje com cuidado a sua aventura: verifique a previsão do tempo e o melhor horário para a visita, use uma roupa confortável e pense se vai querer companhia. Quando tiver vivido a novidade e estiver inspirado, escreva seu próprio relato da experiência.

NOTAS

NÃO ESQUECER

SEMANA 4
Fale com um estranho

No ônibus, na fila do supermercado, na sala de espera, no balcão do bar, num show ou no teatro... Estamos quase sempre rodeados por pessoas que nunca vimos na vida (e provavelmente não vamos mais ver). Nesta semana, puxe conversa com uma delas! Observações sobre o clima, o tamanho da fila e o lugar podem ser ótimos pontapés iniciais. Se conseguir, vá além: descubra algo pessoal sobre esse estranho e estabeleça uma conexão com ele.

NOTAS

NÃO ESQUECER

- [ ]
- [ ]
- [ ]
- [ ]
- [ ]
- [ ]
- [ ]
- [ ]
- [ ]
- [ ]
- [ ]
- [ ]

SEMANA 5
Curiosidade infinita

Nesta semana, escolha um tópico pelo qual você se interesse e separe vinte minutos para aprender mais sobre ele todo dia. Vale qualquer coisa que te encante: mel, um time de futebol, um instrumento musical, um tipo de ingrediente, pão. Já te contaram que no Brasil há abelhas sem ferrão produtoras de um mel mais líquido e azedinho? Qual é o maior "freguês" do seu time de futebol? E o maior carrasco? Você sabia que existe um violino chamado "stradivarius"? Já parou para pensar qual é o ingrediente mais usado na gastronomia brasileira? O que você sabe sobre fermentação natural? Depois de sete dias, você vai descobrir que a célebre frase "só sei que nada sei", do filósofo grego Sócrates, é totalmente verdadeira. Quanto mais se sabe, mais se pode saber.

NOTAS

NÃO ESQUECER

○ **segunda**

○ **terça**

○ **quarta**

○ **quinta**

○ **sexta**

○ **sábado**

○ **domingo**

minhas finanças

despesas fixas

DATA	CONTA	VALOR

TOTAL

balanço do mês

SALDO ANTERIOR ....

TOTAL ENTRADAS ....

TOTAL SAÍDAS ....

SALDO ATUAL ....

POUPANÇA ....

entradas

despesas variáveis

DATA	CONTA	VALOR

TOTAL

DATA	CONTA	VALOR

TOTAL

BALANÇO DO MÊS

Anote aqui livros, séries, filmes e músicas que você descobriu nos últimos 28 ou 29 dias.

○ **AMEI**   ○ **GOSTEI**   ○ **NÃO É PRA MIM**

METAS ALCANÇADAS

O MELHOR DE
fevereiro

PRECISO MELHORAR

▶ OS CINCO MELHORES MOMENTOS

outono

Há muitas teorias sobre a origem da palavra "outono". A corrente mais forte afirma que ela vem do latim *autumnus*, parente distante do verbo *augere* (aumentar, enriquecer). Outros a associam ao germânico *aud*, que também sugere riquezas e bênçãos. Uma terceira hipótese sustenta que a palavra "outono" está ligada ao deus egípcio Autun, responsável pelo pôr do sol.

De fato, o outono vem depois dos dias quentes de verão, nos preparando para os meses frios de inverno — no hemisfério Sul, começa em 20 ou 21 de março e encerra-se em 20 ou 21 de junho. A constância da luminosidade inspira uma pausa, um tempo para se equilibrar. Para os chineses, é a hora de aumentar a imunidade, ingerindo mais alimentos brancos. As raízes, o arroz, a cebola e o mel estão em alta, e os caldos quentinhos também são bem-vindos.

A natureza nos dá muitos sinais sobre como agir durante esse período. Ele se segue às "águas de março", nos convidando a voltar para casa (o uso de cachecóis é super-recomendado). As árvores perdem as folhas para não queimarem no inverno e dão continuidade ao seu ciclo de respiração natural — é o momento de deixar ir o que não serve mais e proteger o que é importante. O outono é a melhor estação para você desintoxicar o organismo, recolher-se, prosseguir em projetos já iniciados, agradecer pelo que já viveu. Um tempo de perseverança e esforço.

LIMPEZA GERAL

Antes de entrarmos no detox físico, convidamos você a fazer um exame mental de tudo que pode estar limitando seu desenvolvimento. Quais são seus medos e dúvidas? Que comportamentos repetitivos gostaria de abandonar? O que impede que o seu potencial desabroche? A quietude do outono nos estimula a tomar consciência das nossas ações e a assumir compromissos com nós mesmos, desapegando-nos do que está barrando o caminho em direção ao crescimento pessoal.

Esse processo não é simples e pode significar algumas perdas. Como andam seus relacionamentos? E o trabalho? Os projetos estão mesmo dando os frutos esperados? Sair da zona de conforto nem sempre é fácil e, talvez, ao examinar seus anseios, você chegue à conclusão de que o melhor é ficar onde está — até isso ganha um novo significado quando renovamos o desejo dentro de nós. O importante é acreditar que vale a pena se libertar de padrões limitadores e dar espaço para o novo, aproveitando com plenitude a graça da vida.

DIETA DETOX

"Você é o que você come." Apesar de ser uma frase muito popular hoje em dia, os indianos e os chineses já sabem disso há séculos e recomendam que todos façam uma dieta desintoxicante ao menos uma vez por ano, para limpar o organismo. E o outono é a melhor estação para isso. O ideal é que a dieta dure 21 dias, mas uma semana já é o suficiente para revigorar a saúde. Nesse período, você deve diminuir o consumo de farinha branca, bebidas alcoólicas, açúcar e alimentos ultraprocessados, optando por frutas, verduras e legumes orgânicos — os agrotóxicos estão entre os venenos que devem ser cortados. Se você tiver algum problema de saúde, recomendamos que converse com um nutricionista; caso contrário, a dieta a seguir é indicada para adultos.

Ao acordar, ainda em jejum, prepare a seguinte dose:

Shot da imunidade
15 gotas de extrato de própolis
1 colher (de café) de cúrcuma em pó
1 colher (de café) de gengibre em pó
½ limão espremido
Dilua tudo em ¼ de copo de água.

Na desintoxicação, é muito importante cuidar da hidratação de manhã, para que as toxinas sejam eliminadas naturalmente. Por isso, depois de beber o shot, prepare um suco verde. Aí vão algumas receitas (é só bater todos os ingredientes no liquidificador, coando depois ou não).

Suco verde básico

100 ml de água
2 folhas de couve
1 maçã verde
1 pepino
½ limão espremido

Suco verde com salsinha

200 ml de água de coco
2 folhas de couve
12 folhas de salsinha
10 folhas de hortelã
1 cm de gengibre sem casca
½ limão espremido
½ maçã cortada
½ talo de salsão

Suco verde de morango com abacaxi

200 ml de água (potável ou de coco)
2 folhas de couve
10 folhas grandes de hortelã
5 morangos
1 fatia de abacaxi

Suco verde com salsão e abacaxi

3 folhas de couve
2 fatias de abacaxi
1 talo de salsão (as folhas também são bem-vindas)
10 folhas de hortelã
¼ de erva-doce
½ limão espremido

Suco verde de laranja com gengibre*

3 folhas de couve-manteiga
¼ de maço de salsinha
3 laranjas espremidas
2 cm de gengibre sem casca

* prepare-o, no máximo, uma vez por semana

Se ainda estiver com fome, complemente a refeição com uma fruta — abacaxi, melancia, melão, maçã, pera, pêssego, morango e ameixa são ótimas opções.

Os campeões do detox
Ricos em fibras, antioxidantes e vitaminas, os vegetais crucíferos são muito indicados nas dietas de desintoxicação: brócolis, repolho, couve-flor, couve-de-bruxelas, aspargos, rabanete, nabo, rúcula e agrião nutrem e saciam. Outros ingredientes que ajudam o corpo a se livrar das toxinas são o salsão, a salsinha, a cúrcuma (quando associada a uma gordura boa ou a uma pimenta), o dente-de-leão e o gengibre. Tente usá-los em suas refeições.

A seguir, você vai encontrar dicas para os pratos principais com foco em verduras e legumes. A ideia é usar ingredientes diferentes todos os dias para estimular o corpo a eliminar o máximo de toxinas possível.

Almoço
Prepare uma porção de vegetais crus ou cozidos, incluindo um crucífero, e uma de proteínas — opte por queijos e grãos (como a soja e a quinoa) em vez de carne vermelha. Adicione legumes como abóbora (superaliada dessa dieta), cenoura, abobrinha, berinjela, beterraba, inhame e cará, ou substitua-os por arroz integral, lentilha e grão-de-bico. Você pode comer salada verde, pepino e tomate à vontade.

Jantar
Faça uma sopa de legumes sem massas, creme de leite e carne. Uma boa ideia é usar inhame, cará, cenoura ou abóbora como base. Se quiser variar, explore o mundo das texturas com cremes, caldos e pedacinhos de vegetais.

CUIDADOS COM A CASA
Dando um trato nos armários

O outono é a época ideal para verificar a mobília e se livrar das traças — insetos noturnos que adoram se infiltrar no meio de roupas e livros, causando estragos. Para isso, passe uma mistura de partes iguais de água e vinagre branco em todos os armários, gavetas e estantes. Saquinhos de pano com cravos-da-índia espalhados em pontos estratégicos podem ser usados para afugentar esses bichinhos enxeridos também. Se quiser algo mais forte, opte por uma pastilha de cânfora diluída em 200 ml de terebintina (atenção: não aplique essa solução na cozinha).

Depois de acabar com as traças, tire as roupas leves da área de circulação e ponha as mais quentinhas, de modo que fiquem mais acessíveis. E já que vai fazer isso, aproveite para limpar bem os armários e conferir o estado das peças. Aqui vão algumas dicas:

- **Roupas e sapatos de couro:** se estiverem mofados, passe um pano com água e vinagre na mesma proporção. No caso das botas, você também pode usar lustra-móveis para dar mais durabilidade. Nunca as guarde em lugares fechados assim que descalçá-las: deixe-as respirar por um dia. Se tiverem cano alto, use garrafas PET limpas e vazias ou macarrões de piscina para manter o formato.
- **Malhas:** se tiverem bolinhas, remova-as passando devagar o lado áspero de uma bucha de cozinha no sentido da trama. Use fita adesiva para retirar as pontinhas que sobrarem (lâminas de barbear também são eficientes, mas cuidado: se você aplicar uma força maior do que a necessária, a roupa vai rasgar).
- **Echarpes, xales, lenços e pashminas:** lave o que for preciso e deixe-os à mão para colorir o visual.

Na hora de recolocar as peças no armário, lembre-se de dobrar tudo do mesmo tamanho, para as pilhas ficarem estáveis e sua arrumação se manter por mais tempo. Uma boa ideia é usar uma revista como molde para dobrar as roupas.

Dica para tirar o cheiro de cachorro molhado das roupas
Em dias chuvosos e frios, substitua o amaciante, que atrasa o secamento das peças, por uma xícara (de chá) de vinagre branco. Se a área de serviço for pouco arejada, use cabides para pendurar as roupas e ligue um ventilador no ambiente. Se mesmo assim o cheiro ruim persistir, aplique a misturinha a seguir para neutralizar o mau odor:

1 xícara (de chá) de água
1 colher (de sopa) de bicarbonato de sódio
½ xícara (de chá) de álcool
½ xícara (de chá) de vinagre branco
½ tampa de amaciante

Misture o bicarbonato na água, deixe dissolver totalmente e depois acrescente os outros ingredientes na ordem acima. Utilize uma vasilha aberta, pois o bicarbonato e o vinagre produzem gases que têm de evaporar antes que o líquido passe para um recipiente fechado. Borrife a solução nas roupas e deixe-as respirar durante meia hora antes de usar.

Atenção especial aos cobertores
Antes de lavar, deixe-os no sol por algumas horas, para que os ácaros saiam mais facilmente, e faça um teste de cores, pois as peças de tons fortes costumam soltar tinta: molhe uma ponta do tecido e enxugue-a com uma toalha de papel. Se manchar, talvez seja o caso de lavar o cobertor à mão ou colocá-lo sozinho na máquina. Prefira os sabões líquidos, que se acumulam menos nas peças e são mais eficientes. Regule a temperatura da água: a fria é menos agressiva aos tecidos e elimina melhor fungos e ácaros. Por fim, volte a deixá-los no sol por pelo menos duas horas antes de guardá-los.

Aproveitando a arrumação, que tal dar uma olhada nas cortinas, nos tapetes e nos travesseiros também?

CUIDADOS PARA O CORPO E A ALMA

Escalda-pés
Quem já viu um mapa de Do-in, técnica de automassagem baseada na medicina chinesa, sabe que, para os adeptos dessa prática, vários pontos dos nossos pés estão conectados aos órgãos internos — calcula-se que haja cerca de 70 mil terminações nervosas ligando nossas extremidades inferiores ao restante do corpo. Assim, cuidar dos pés faz bem para todo o nosso organismo. Segundo os especialistas, o outono é a melhor época para isso. Que tal fazer um bom escalda-pés?

Para começar, encha uma bacia alta e larga com água não muito quente — o indicado é que esteja por volta dos quarenta graus —, cobrindo ao menos metade das suas canelas ou até uns três dedos abaixo da dobra dos joelhos. O escalda-pés é uma das melhores formas de relaxar e reduzir inchaços nos membros inferiores, pois ativa a circulação sanguínea. Depois de deixar os pés mergulhados por pelo menos quinze minutos, não esqueça de secá-los bem, inclusive os espaços entre os dedos, e ponha uma meia para mantê-los quentinhos. Repita a técnica de uma a três vezes na semana, sempre ao final do dia.

A prática não costuma ter contraindicações, mas pessoas com problemas crônicos de saúde devem conversar com um médico antes de tentar. Você também pode combiná-la a texturas, aromas e esfoliações, como verá a seguir.

Texturas e aromas
Pisar em superfícies irregulares ajuda a reduzir o estresse. Para obter esse benefício, cubra o fundo da bacia com bolinhas de gude, feijões, sementes ou seixos. Se quiser potencializar o efeito de relaxamento, adicione sal grosso e gotas de óleos essenciais à água quente. Os derivados da menta, do alecrim e do eucalipto são altamente recomendados, e dez gotas são suficientes. Outra boa ideia é usar pétalas de flores coloridas — as rosas, por exemplo, perfumam e dão maciez à pele.

Para quem usa salto alto
Dilua cinco colheres (de sopa) de sal refinado, cinco gotas de óleo essencial de gerânio e duas gotas de óleo essencial de bergamota na água quente, depois adicione pétalas de rosas brancas. Essa receitinha vai aliviar as dores causadas pelo uso frequente de salto alto.

Esfoliações
Misture meia xícara (de chá) de açúcar mascavo com uma xícara de óleo de amêndoa e, depois de ficar com os pés na água quente por algum tempo, massageie-os com o esfoliante, fazendo movimentos circulares, por mais ou menos quinze minutos. Não esqueça de nenhum cantinho (nem dos dedos!): comece pelos calcanhares e capriche no arco e no peito dos pés. Você vai notar que alguns pontos estão mais doloridos, então invista mais energia neles, pressionando e movimentando com as mãos, até a dor diminuir.

Outra opção é misturar sal marinho, óleo de coco e o suco de meio limão espremido. O sal, inclusive, é um poderoso anti-inflamatório e paliativo de dores musculares. Aplique esse esfoliante à noite e repita os movimentos ensinados na receita anterior. Essas massagens vão revolucionar a sua vida!

Ambiente
Cuidar de si num ambiente perfumado, com luz aconchegante e sons que afagam a alma faz toda a diferença. Crie uma playlist com suas músicas favoritas — principalmente aquelas mais calmas, que inspiram paz —, diminua a claridade do cômodo e abuse das velas aromáticas e dos difusores de óleo essencial (cinco gotas são suficientes; lavanda, limão, bergamota, ylang-ylang e sândalo são boas escolhas). Para manter a sensação de relaxamento, espalhe uma gota do óleo escolhido embaixo de cada pé, ponha uma meia e vá para cama.

março

TENHA EM SUAS RECEITAS

O que está fresquinho neste mês:

- **FRUTAS:** abacate, abacaxi, ameixa, banana-maçã, banana-nanica, caqui, coco verde, figo, fruta-do-conde, goiaba, jaca, kiwi nacional, limão, maçã, mamão, mangostão, nectarina, pera, uva, pêssego, seriguela e tangerina.
- **VERDURAS:** acelga, alface, alho-poró, chicória, coentro, endívia, escarola, espinafre, repolho, rúcula e salsa.
- **LEGUMES:** abóbora japonesa, abobrinha, berinjela, beterraba, cará, chuchu, gengibre, inhame, jiló, milho-verde, nabo, pepino e quiabo.

MENTE QUIETA E CORAÇÃO BATENDO
Respiração de seis segundos

O desafio deste mês é atingir a respiração de seis segundos. Vamos relembrar as etapas do exercício?

Num lugar tranquilo e bem iluminado, sente-se de forma confortável, com a coluna ereta, e feche os olhos. Inspire pelo nariz, segure o fôlego e, depois, expire todo o ar pela boca. Antes de repetir a sequência, suspenda a respiração por alguns instantes. Cada etapa deve durar mais ou menos seis segundos. Se for muito difícil prender o fôlego por tanto tempo, faça pausas de quatro segundos até se acostumar.

Nos primeiros dias, faça o exercício por doze minutos, evoluindo até completar quinze minutos cuidando da sua respiração. Se estiver dando bons frutos, por que não incorporar essa prática à sua rotina diária?

Não se esqueça de não forçar nenhuma parte do processo. Não tente inspirar e expirar profundamente. A ideia é que a respiração seja agradável e suave, ajudando você a cultivar a tranquilidade, a calma e a constância.

PALAVRA-PROPÓSITO
confiança

Confiar em algo faz toda a diferença. Quando agimos com confiança, seja em família, entre amigos, no trabalho, na escola, tudo parece mais fácil. Ou melhor, as adversidades parecem menores. Há momentos da vida em que nossa confiança dá uma estremecida. Mesmo nessas situações, persistir em confiar — na alimentação que praticamos, nos exercícios que nos fazem bem, na literatura, no cinema, nos encontros — pode nos dar um rumo e encher de sentido a nossa existência.

ANOTAÇÕES
Aproveite este espaço para registrar, com o código de cores proposto, seu humor em cada dia do mês.

segunda	terça	quarta
○	○	○
○	○	○
○	○	○
○	○	○
○	○	○
○	○	○

quinta	sexta	sábado	domingo
○	○	○	○
○	○	○	○
○	○	○	○
○	○	○	○
○	○	○	○
○	○	○	○

SEMANA 1
Escute sua voz interior

Neste mundo tecnológico que nos rodeia, cheio de certezas, nossa voz interior vive rouca. Os cinco sentidos estão sempre prontos para absorver estímulos externos, ignorando o que o corpo, a respiração e a mente comunicam. Nesta semana, pelas manhãs, reserve um minuto — ative um alarme se for preciso — para fechar os olhos e se escutar. Não se apegue a nada nem pense no que deve ou não fazer, apenas preste atenção. Depois, torne a fechar os olhos por mais um minuto e atenha-se ao seu corpo, percebendo quais partes estão mais relaxadas e se há tensão em algum ponto. Examine-se por inteiro: mandíbula, fundo dos olhos, batimento cardíaco, joelhos, dedos das mãos e dos pés... Se puder, escreva sobre o que ouviu e sentiu, e, quando a semana acabar, releia as anotações. Você pode repetir esse exercício quantas vezes quiser.

NOTAS

NÃO ESQUECER

○ **segunda**

○ **terça**

○ **quarta**

○ **quinta**

○ **sexta**

○ **sábado**

○ **domingo**

SEMANA 2
Confie nos outros

Pense numa atividade rotineira que você não gosta de dividir com ninguém — como preparar o café preto matinal, passar manteiga nas torradas e recolher o lixo da casa, ou mesmo organizar reuniões no trabalho e dar as boas-vindas aos novos estagiários. Delegue essa tarefa a outra pessoa (se puder delegar mais tarefas a pessoas diferentes, melhor ainda). Quando ela tiver feito o que você pediu, agradeça de coração. Perceba as vantagens de estar na posição de quem recebe esse serviço, perdoando se houver algum defeito e enxergando as qualidades que o outro imprimiu ao que você também sabe fazer.

NOTAS

NÃO ESQUECER

○ **segunda**

○ **terça**

○ **quarta**

○ **quinta**

○ **sexta**

○ **sábado**

○ **domingo**

SEMANA 3
Faça contato visual

Na nossa rotina estressante, o outro muitas vezes vive no mais silencioso anonimato. Dependendo da profissão, passamos o dia isolados em casa ou no escritório, por isso, um estranhamento natural surge quando é preciso entrar em contato com alguém. Aqui, o objetivo é perceber a existência dos outros. Como? Faça contato visual com as pessoas. Muitas vão ignorar, mas outras vão responder. Quando isso acontecer, sorria e cumprimente com a cabeça. Não precisa sair fazendo amigos pela rua, apenas quebre o gelo das suas relações com estranhos. Você vai receber algumas caras fechadas, mas também vai se admirar com os sorrisos que virão. E, mais impressionante, vai perceber que muitos que pareciam intimidadores se suavizam com um sorriso no rosto, deixando entrever o lado mais belo de sua alma.

NOTAS

NÃO ESQUECER

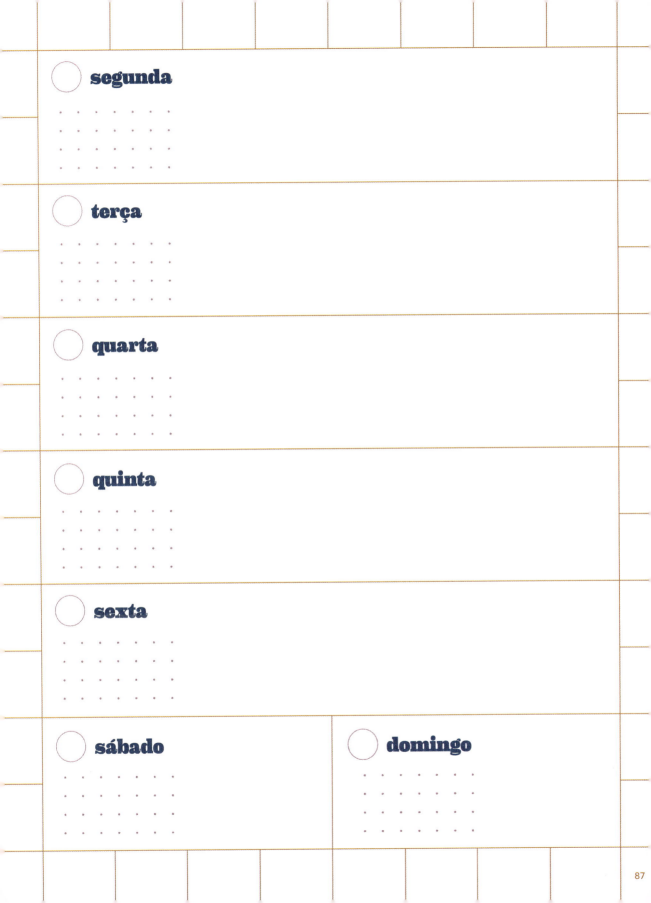

SEMANA 4
Não ignore a sua intuição

Quantas vezes você caiu do cavalo por ignorar aquela voz na sua cabeça dizendo, por exemplo, para adiar um programa ou levar um casaco para o caso de fazer frio? Ela estava certa, não é mesmo? Cada vez mais queremos controlar tudo: nossos horários e os dos outros, a temperatura dos lugares em que entramos, a luminosidade que incide em nossa sala... E com isso nos desconectamos dos ciclos da natureza. Mesmo assim, não deixamos de fazer parte deste planeta e estamos sujeitos a forças, muitas vezes ignoradas (gravidade, altitude, umidade etc.). Com frequência, somos mais sensitivos do que podemos controlar ou entender racionalmente. Acreditar que a intuição é uma aliada é um ótimo caminho para melhorar nossa conexão com nós mesmos e com a natureza.

NOTAS

NÃO ESQUECER

○ **segunda**

○ **terça**

○ **quarta**

○ **quinta**

○ **sexta**

○ **sábado**

○ **domingo**

SEMANA 5
Acredite na vida

Comece esta semana com um exercício de sinceridade: pense em um acontecimento planejado por você que deu errado, deixando-o arrasado — o fim de um namoro, uma viagem frustrada, uma programação de trabalho que foi por água abaixo. Primeiro, tente lembrar os motivos pelos quais você desejava tanto que seu plano desse certo. No dia seguinte, recorde detalhadamente o momento em que o seu desejo desabou, e, no próximo, analise o estado atual de sua vida. Esforce-se para identificar tudo de bom que decorreu daquele fracasso e as possibilidades que se abriram quando o vendaval passou. Você vai perceber que é impossível encaixar quem você era na sua existência de hoje. A vida segue, não é mesmo? E, muitas vezes, ela sai melhor que a encomenda.

NOTAS

NÃO ESQUECER

○ **segunda**

○ **terça**

○ **quarta**

○ **quinta**

○ **sexta**

○ **sábado**

○ **domingo**

minhas finanças

despesas fixas

DATA	CONTA	VALOR

TOTAL

balanço do mês

SALDO ANTERIOR ....

TOTAL ENTRADAS ....

TOTAL SAÍDAS ....

SALDO ATUAL ....

POUPANÇA ....

entradas

despesas variáveis

DATA	CONTA	VALOR

TOTAL

DATA	CONTA	VALOR

TOTAL

BALANÇO DO MÊS

Anote aqui livros, séries, filmes e músicas que você descobriu nos últimos 31 dias.

○ **AMEI** ○ **GOSTEI** ○ **NÃO É PRA MIM**

O MELHOR DE
março

METAS ALCANÇADAS

PRECISO MELHORAR

OS CINCO MELHORES MOMENTOS

abril

TENHA EM SUAS RECEITAS

O que está fresquinho neste mês:

- **FRUTAS:** abacate, ameixa, banana-maçã, caqui, jaca, kiwi, maçã, mamão, pera, tangerina e uva.
- **VERDURAS:** acelga, agrião, alface, alho-poró, almeirão, catalonha, escarola, repolho e rúcula.
- **LEGUMES:** abóbora, abobrinha, batata-doce, berinjela, beterraba, cará, chuchu, inhame, jiló, mandioca, nabo, pepino e tomate.

MENTE QUIETA E CORAÇÃO BATENDO
Respiração completa

No próximo trimestre, vamos dar continuidade aos exercícios de respiração, um ótimo jeito de combater a ansiedade e nos manter no presente. A cada mês, vamos aprender novas técnicas. A primeira será a "respiração completa" — usada na fisioterapia e praticada há séculos na Índia —, que relaxa e revitaliza as energias, nos ajudando a encontrar a paz interior.

Para começar, encontre um lugar calmo e sente-se com a coluna ereta e estável. Inspire lentamente enquanto presta atenção nos espaços internos do corpo que enchem de ar, depois expire. Na próxima vez, foque o abdome: ponha as mãos sobre ele, tentando expandir os músculos durante a inspiração e contraí-los levemente ao soltar o ar. Repita o movimento seis ou sete vezes. A seguir, inspire e expire prestando atenção nas costelas. Com uma mão de cada lado, inspire outra vez ampliando ao máximo o espaço entre elas; ao expirar, tente aproximá-las. Faça isso seis ou sete vezes. Depois, atente-se à parte superior do seu tronco, logo abaixo do pescoço, repetindo os passos anteriores por mais seis ou sete vezes. Por fim, é hora de juntar as três fases da prática: ao inspirar, tente expandir o abdome, em seguida as costelas e depois a parte superior do tronco. Ao soltar o ar, contraia levemente essas três áreas. Repita esses movimentos de nove a doze vezes.

Quando dominar todas as fases, pratique esse exercício por dez minutos, já com as três partes do corpo envolvidas, lembrando que pode voltar às primeiras etapas sempre que quiser.

PALAVRA-PROPÓSITO
equilíbrio

Quem pratica ioga e já experimentou a postura da árvore — em que você cruza uma perna na parte interna da coxa, pressionando-a com o calcanhar, e tenta permanecer de pé, olhando para um ponto fixo — sabe que é preciso ter uma musculatura abdominal forte (além da pressão do calcanhar na parte interna da coxa) para mantê-la durante algum tempo. Assim como o físico, o equilíbrio emocional requer esforço e uma base: é preciso balancear vários sentimentos. Precisamos abraçar a calma, o entusiasmo, a alegria e a força (além de muitos outros sentimentos!) dentro de nós, criando um abrigo para onde iremos, a passos tranquilos e decididos, sempre que as adversidades chegarem.

realizando um sonho

etapa 2
idealizando

Com a ideia definida e uma meta financeira estipulada, dá para começar uma das partes mais divertidas: dar forma ao sonho. Aqui, o objetivo é coletar o máximo de informação possível sobre o que você quer, conversando com as pessoas e explorando modelos que se enquadrem no seu ideal. Está liberado sonhar alto! Se quiser ter uma casa na praia, pesquise praias charmosas, onde você gostaria mesmo de pôr os pés. Se possível, vá até lá e procure terrenos ou casas para vender. Descubra se existem pessoas que têm casa ali há muitos anos ou, se não, por que vão embora. O acesso é simples? Se não for, seria aceitável para você viver em um lugar mais isolado? Pesquise o custo de comprar e manter uma casa nessa região. Esta etapa é muito importante para qualquer sonho, pois é o melhor jeito de analisar as opções e descobrir se há alternativas mais adequadas para a sua realidade — às vezes, elas se mostram ainda mais interessantes do que o sonho original.

ANOTAÇÕES
Aproveite este espaço para registrar, com o código de cores proposto, seu humor em cada dia do mês.

segunda	terça	quarta
○	○	○
○	○	○
○	○	○
○	○	○
○	○	○
○	○	○

SEMANA 1
Cuide do corpo e da alma

Das três, uma: ou cuidamos mais do corpo, ou da alma, ou de nenhum dos dois. Nesta semana, dedique um tempo ao seu lado menos favorecido (ou a ambos!). Se você for mais atento ao seu corpo, leia um livro. Vá devagar se não tiver esse costume: escolha uma coletânea de contos ou leia algumas crônicas de um escritor famoso (o importante é ficar longe das telas). Ler nos faz esquecer o corpo e nos proporciona um encontro com a nossa alma. Se você dá mais atenção aos seus pensamentos, faça uma pequena caminhada: desligue o celular, tire o fone de ouvido e ande até a padaria mais distante do seu bairro, sentindo o sol bater na pele e observando as pessoas (dor nas pernas no dia seguinte é um ótimo sinal de que elas foram usadas!). Caso sinta necessidade, faça os dois exercícios propostos.

NOTAS

NÃO ESQUECER

○ **segunda**

○ **terça**

○ **quarta**

○ **quinta**

○ **sexta**

○ **sábado**　　　　　　　　○ **domingo**

SEMANA 2
Crie pequenas metas

Nem sempre notamos, mas a vida é feita de cumprir pequenas metas todos os dias: arrumar a cama, cuidar da higiene pessoal, realizar tarefas no trabalho, encontrar pessoas especiais, voltar para casa, exercitar-se e por aí vai. Durante esta semana, escolha três setores da sua vida — amizades, trabalho e saúde, por exemplo — e trace novas pequenas metas para eles. Que tal reconectar-se com uma pessoa querida com quem não fala há bastante tempo? Pode ser on-line, mas o ideal é que haja um encontro cara a cara, para tomar um café ou caminhar por aí. No trabalho, dê o primeiro passo para tirar da gaveta aquele projeto corriqueiro que você gostaria muito de pôr em prática, mas ainda não conseguiu. Na saúde, o que acha de marcar aquela ida ao dentista para os próximos dias?

NOTAS

NÃO ESQUECER

○ **segunda**

○ **terça**

○ **quarta**

○ **quinta**

○ **sexta**

○ **sábado**

○ **domingo**

SEMANA 3
Atente-se à alimentação

Quantas vezes por semana você come enquanto trabalha, dirige, responde e-mails? Nesta semana, preste atenção no que está comendo e pense bem no que vai colocar no prato. Deixe os eletrônicos longe e arrume a mesa. Prepare seu humor: se estiver estressado, ouça uma música que lembre um momento alegre de sua vida enquanto arruma a mesa, leia um poema antes da refeição ou passe um ou dois minutos olhando a janela e esvaziando o pensamento. Sinta o gosto de cada alimento, prestando atenção também na cor e no cheiro. Coma devagar, observando o momento em que fica satisfeito. Se quiser, anote o que comeu e os horários das refeições, além de como se sentiu depois. Tente descobrir quais alimentos fazem bem a você, levantam seu ânimo, provocam sono.

NOTAS

NÃO ESQUECER

SEMANA 4
Observe a luz e a escuridão

Estamos rodeados por opostos: calor e frio, atividade e descanso, rigidez e flexibilidade, dor e prazer. Reserve um dia para observar o nascer e o pôr do sol: encontre um lugar legal para assistir, por cerca de dez minutos, à luz se impor e, no fim do dia, ser substituída pela escuridão. Os smartphones costumam avisar quando vai acontecer, ou seja, não tem desculpa para perder esses momentos. Sente-se confortavelmente e contemple essas transições que acontecem todos os dias e são tão importantes para tecer a nossa noção de tempo. Se puder, fique por mais cinco minutos testemunhando o que ocorre ao seu redor — a mudança na tonalidade das cores e a natureza se mexendo de forma distinta — e escreva sobre as suas percepções.

NOTAS

NÃO ESQUECER

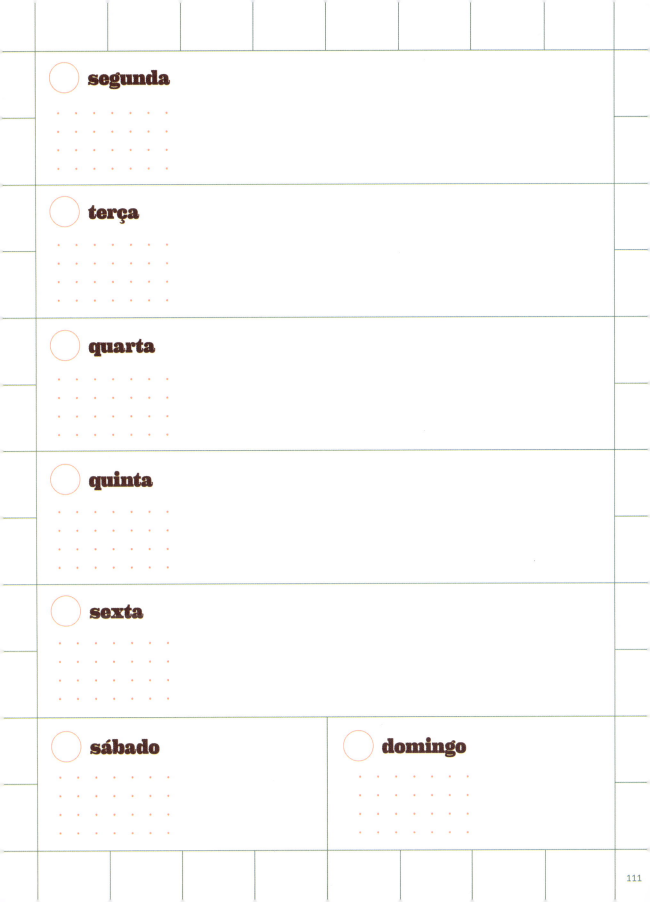

SEMANA 5
Faça uma lista do que aquece seu coração

Há dias ótimos, dias bons, dias ruins e dias péssimos. Nos dias ótimos e bons desta semana, preste atenção em tudo o que fez você feliz: um bom filme, frases do seu livro de cabeceira, um tempo na banheira com seu óleo essencial favorito, correr no parque, dar uma volta de bicicleta, preparar uma canja, tomar um drinque ou comer um chocolate. Faça uma lista com tudo isso e guarde-a, com carinho, como um plano B para equilibrar os dias em que nada dá certo. Se gostar do desafio, siga alimentando essa lista ao longo do tempo. Talvez ela mesma se torne algo realmente especial, que esquenta o seu coração e alivia a sua alma não importa quão errado as coisas possam dar.

NOTAS

NÃO ESQUECER

- segunda

- terça

- quarta

- quinta

- sexta

- sábado

- domingo

minhas finanças

despesas fixas

DATA	CONTA	VALOR

TOTAL

balanço do mês

SALDO ANTERIOR ....

TOTAL ENTRADAS ....

TOTAL SAÍDAS ....

SALDO ATUAL ....

POUPANÇA ....

entradas

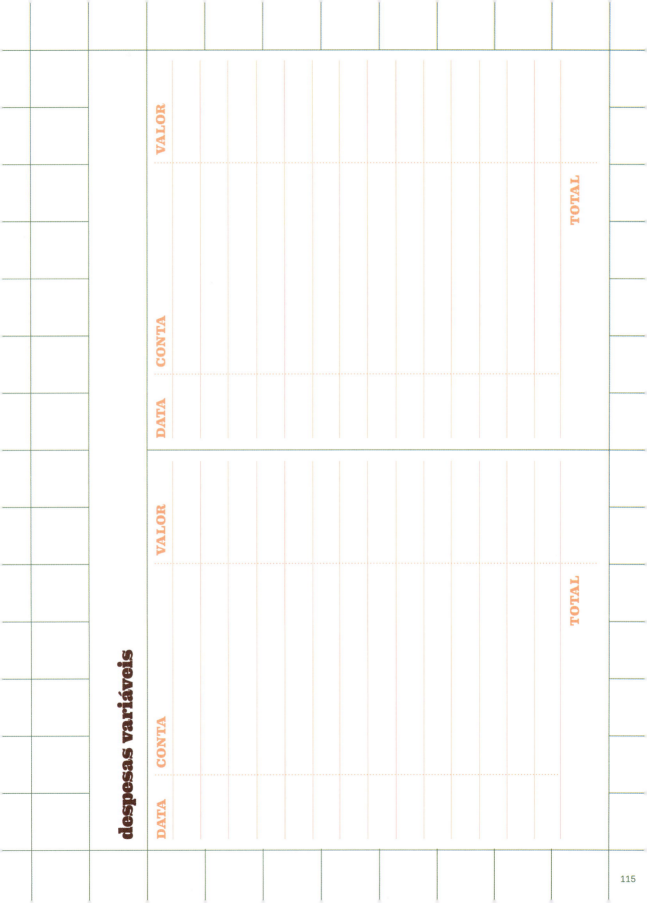

BALANÇO DO MÊS

Anote aqui livros, séries, filmes e músicas que você descobriu nos últimos trinta dias.

○ **AMEI**   ○ **GOSTEI**   ○ **NÃO É PRA MIM**

METAS ALCANÇADAS

O MELHOR DE abril

PRECISO MELHORAR

›› OS CINCO MELHORES MOMENTOS

maio

TENHA EM SUAS RECEITAS

O que está fresquinho neste mês:

- **FRUTAS:** abacate, caqui, banana-maçã, carambola, graviola, jaca, kiwi, maçã, pera, tangerina e uva.
- **VERDURAS:** alface, alho-poró, almeirão, erva-doce, espinafre, louro e repolho.
- **LEGUMES:** abóbora, abobrinha, batata-doce, beterraba, cará, cenoura, chuchu, inhame, mandioca, mandioquinha, nabo e rabanete.

MENTE ABERTA E CORAÇÃO BATENDO
Respiração ujjayi

Essa é uma técnica que auxilia no controle da tensão e garante uma ótima noite de sono, além de melhorar problemas pulmonares. Muito usada pelos iogues, a "respiração vitoriosa", como também é conhecida, pode ser praticada em qualquer situação difícil e diariamente antes de ir para a cama. Pelo ruído que emitimos ao colocá-la em prática, a ujjayi também é chamada de "respiração do Darth Vader". Esqueça o lado péssimo dele e pense em como o vilão está sempre alerta e no controle: ele pratica a ujjayi naturalmente! Brincadeiras à parte, vamos aprender a utilizar essa técnica.

Primeiro, sente-se numa posição confortável e comece a prestar atenção no seu corpo. Inale e exale três vezes pelo nariz. Depois, contraia um pouco a garganta — é o movimento que fazemos antes de engolir — e respire. Você vai perceber que o som da respiração ficará mais alto e rouco, como um ronco suave. Mantendo a contração, inspire por quatro segundos e expire por mais quatro. Faça essa sequência dez vezes. Por fim, durante a inspiração, levante os braços estendidos até o final, quase juntando as palmas sobre a sua cabeça e, ao expirar, solte-os ao lado do corpo. Repita esse movimento cinco vezes.

O ideal é que você pratique esse exercício de cinco a dez minutos pelo menos quatro vezes na semana.

PALAVRA-PROPÓSITO
limpeza

Os mestres zen japoneses começam todos os dias do mesmo jeito: fazendo faxina. Segundo eles, quando executamos um trabalho braçal e pesado, a nossa mente se esvazia e vê-lo terminado e bem-feito nos ajuda a pensar melhor. Calma, a proposta não é que você arrume o "quartinho da bagunça", muito menos organize a caixa de e-mails e a estante de livros. Pelo menos, não de uma vez só. Nas próximas semanas, vamos sugerir pequenos movimentos para fazer uma limpeza na sua vida física, mental e espiritual. Você provavelmente vai se sentir mais leve e renovado, como depois de um bom banho. Talvez até resolva enfrentar seus piores pesadelos de arrumação.

ANOTAÇÕES
Aproveite este espaço para registrar, com o código de cores proposto, seu humor em cada dia do mês.

segunda	terça	quarta
○	○	○
○	○	○
○	○	○
○	○	○
○	○	○
○	○	○

quinta	sexta	sábado	domingo
○	○	○	○
○	○	○	○
○	○	○	○
○	○	○	○
○	○	○	○
○	○	○	○

SEMANA 1
Cuide de sua pele

A pele, que os cientistas também chamam de cútis ou tez, é o maior órgão do corpo humano, sendo responsável por proteger os órgãos internos e regular a temperatura do organismo. Cuidar bem dela é essencial para a saúde física e espiritual — tocar-se é importante para se conhecer melhor. Reserve um dia desta semana para fazer uma esfoliação, que acelera a limpeza das células mortas e a hidratação da pele. Há várias fórmulas prontas vendidas nas farmácias e nas lojas de produtos de beleza, mas você pode preparar a sua própria esfoliação em casa: basta misturar uma xícara (de chá) de açúcar com a mesma medida de óleo de amêndoa, de coco ou de gergelim. Depois, é só passar pelo corpo, fazendo movimentos circulares e caprichando nos pés, joelhos, cotovelos e mãos. Enxague com água na temperatura que preferir.

NOTAS

NÃO ESQUECER

○ **segunda**

○ **terça**

○ **quarta**

○ **quinta**

○ **sexta**

○ **sábado**

○ **domingo**

SEMANA 2
Arrume uma gaveta

É muito bom abrir uma gaveta e encontrar tudo o que precisa. Atire o primeiro lápis quem discordar. Nesta semana, dedique-se a organizar a gaveta mais bagunçada que achar em casa, não importa se é no banheiro, na cozinha ou no quarto. Tire tudo de dentro dela e faça uma seleção do que deseja manter — talvez seja uma boa ideia jogar fora o que você até esqueceu que estava lá, não retenha objetos inúteis que impedem que outros, úteis e importantes, sejam bem guardados. Antes de reorganizar a gaveta, limpe-a com um pano úmido com álcool. Veja como você se sente depois de realizar essa tarefa. Talvez queira fazer o mesmo com as outras gavetas da casa.

NOTAS

NÃO ESQUECER

○ **segunda**

○ **terça**

○ **quarta**

○ **quinta**

○ **sexta**

○ **sábado**

○ **domingo**

SEMANA 3
Limpe a pasta de fotos

Com a popularização dos smartphones com supercâmeras, o número de imagens que armazenamos está cada vez maior. Apesar disso, fotógrafos profissionais aconselham a manter apenas as fotos sensacionais, das quais realmente sentimos orgulho e que são dignas de porta-retratos. Agora, o seu desafio é se debruçar sobre todas as fotos do seu computador ou celular e excluir o que não achar bom. Isso é muito difícil? Comece limpando o arquivo dos últimos doze meses. No dia seguinte, veja como as fotos ficaram. Se gostar, faça mais doze meses e continue organizando até que a sua coleção abarque somente o que realmente traz alegria e boas memórias.

NOTAS

NÃO ESQUECER

SEMANA 4
Acompanhe seus pensamentos

Mesmo os monges mais graduados contam, em depoimentos e entrevistas, que esvaziar a mente é uma tarefa quase impossível. Assim como respirar, pensar é um movimento constante dentro de nós. Nesta semana, concentre-se nos seus pensamentos por pelo menos cinco minutos por dia. Se puder ficar de olhos fechados será melhor, mas o importante mesmo é não fazer nada. Tente não julgar o que se passar pela sua cabeça, por mais preconceituoso, pouco humano, triste ou exagerado que pareça. Está tudo bem.

NOTAS

NÃO ESQUECER

- [ ]
- [ ]
- [ ]
- [ ]
- [ ]
- [ ]

○ **segunda**

○ **terça**

○ **quarta**

○ **quinta**

○ **sexta**

○ **sábado**

○ **domingo**

SEMANA 5
Examine a sua rotina

Ao longo desta semana observe seus hábitos diários com cuidado: a sua alimentação está saudável e prazerosa? O trajeto que você faz para o trabalho é o melhor? Não seria possível ir sentado no transporte público caso saísse de casa um pouco antes? A mesa do escritório está organizada e na melhor posição para você trabalhar? Há um tempo reservado para a diversão e para os amigos no seu dia a dia? Você pratica atividades físicas? Muitas vezes levamos os dias no piloto automático, e acrescentar uma banana com mel e granola pela manhã, caminhar alguns quarteirões e acordar meia hora mais cedo poderiam fazer uma diferença imensa na nossa qualidade de vida. Limpe sua rotina de hábitos ruins — se conseguir se livrar de um, por menor que seja, já terá dado um passo e tanto.

NOTAS

NÃO ESQUECER

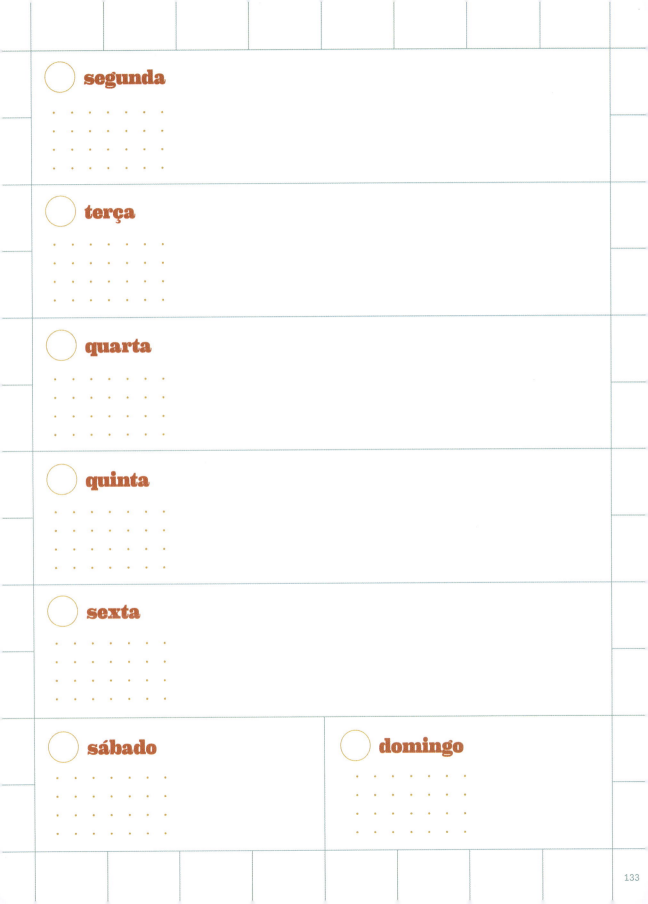

minhas finanças

despesas fixas

DATA	CONTA	VALOR

TOTAL

balanço do mês

SALDO ANTERIOR ....

TOTAL ENTRADAS ....

TOTAL SAÍDAS ....

SALDO ATUAL ....

POUPANÇA ....

entradas

despesas variáveis

DATA	CONTA	VALOR

TOTAL

DATA	CONTA	VALOR

TOTAL

BALANÇO DO MÊS

Anote aqui livros, séries, filmes e músicas que você descobriu nos últimos 31 dias.

○ AMEI   ○ GOSTEI   ○ NÃO É PRA MIM

METAS ALCANÇADAS

O MELHOR DE
maio

PRECISO MELHORAR

⟫ OS CINCO MELHORES MOMENTOS

inverno

Antigamente, só existiam duas estações: o *veris*, isto é, "bom tempo", que deu origem à palavra "verão", e o *hiems*, "mau tempo". Com o passar dos séculos, a observação do sol e da natureza levou à nomenclatura atual. Inverno, como conhecemos hoje, vem do latim *tempus hibernus* ("tempo de hibernar"), porque, durante esse período — que, no hemisfério Sul, acontece entre 20 ou 21 de junho e 21 ou 22 de setembro —, as noites são longas e os dias, curtos, o que nos deixa mais em contato com a escuridão e, portanto, mais propensos a nos recolher (hibernar).

A escuridão é necessária e benéfica em muitos sentidos: as sementes brotam nas profundezas da terra, nosso corpo descansa e se regenera melhor durante a noite. Esse é o melhor período para diminuir o ritmo, ouvir apelos internos e descobrir anseios profundos, explorando os sentimentos escondidos e os potenciais ainda não desenvolvidos.

Na Antiguidade, todos os processos de iniciação (de mestres, magos, reis, faraós) eram feitos no inverno. As grandes obras também eram executadas nessa época do ano, porque os povos antigos viam a gradativa incidência de luz que ocorre após a "grande noite" (início da estação) como prenúncio de aprendizados concluídos e de obras bem edificadas.

O inverno é tempo de dormir cedo e acordar mais tarde, de se debruçar sobre atividades que exijam concentração e dedicação. Também é a melhor estação para passar a meditar (começar na primeira lua cheia da época é prenúncio de uma boa prática). Use os próximos três meses para acumular energia, conhecimento, força e flexibilidade, bons atributos para qualquer tempo.

ESQUENTE O CORPO E A ALMA

Manter o corpo aquecido e confortável é uma boa resolução de inverno. O pescoço e o colo são as áreas que mais pedem atenção. Em crianças e idosos que não puderem se cuidar sozinhos, a temperatura das mãos é um bom modo de saber se a quantidade de roupas está adequada. É comum esquecer de beber água durante esse período, então tenha uma garrafinha cheia sempre por perto. Como não gastamos tanta energia assim, também é aconselhável evitar comidas muito gordurosas e farinha branca em excesso. Outra boa decisão é deixar cobertores nos sofás e tapetes felpudos na cozinha e nos banheiros para esquentar o corpo e trazer paz ao coração. Chás e óleos essenciais também podem ser usados sem moderação. Se for adicionar os óleos a chás e outras bebidas, certifique-se de utilizar somente aqueles de procedência conhecida, pois é fundamental que sejam 100% puros. Veja a seguir dicas de óleos e chás para estimular as mais diversas emoções.

Óleos essenciais básicos e suas propriedades

- **Lavanda:** acalma, reduz a ansiedade e ajuda a dormir.
- **Melaleuca:** antisséptico, combate espinhas, trata picadas de inseto e desinfeta pequenos cortes. Esse é um dos únicos óleos que podem ser passados diretamente sobre a pele com algodão ou gaze (não ultrapasse duas gotas porque ele é superforte!).
- **Hortelã-pimenta:** levanta o astral, afasta alergias e enjoos, alivia dores nas costas e desconfortos musculares, além de melhorar a circulação sanguínea.
- **Ylang-ylang ou sândalo:** afrodisíacos e estimulantes, ajudam a aliviar o estresse.
- **Alecrim:** rejuvenesce a pele e o cabelo, melhora a respiração e funciona como antidepressivo e estimulante.
- **Orégano:** antibiótico e antiviral, combate gripes e dores de garganta leves (pingue uma gota num copo de água quente e inale).
- **Limão:** diminui o apetite e faz bem para os rins, além de melhorar tosses e dores de garganta. Pode ser ingerido em água quente ou fria, e também em sucos (fique atento, pois uma gota já costuma ser suficiente).

Cinco formas de usar os óleos essenciais

1. No aromatizador: pingue de cinco a oito gotas do óleo essencial na medida de água do difusor e deixe-o no ambiente onde você estiver.
2. No escalda-pés: dissolva de cinco a oito gotas da substância em uma colher (de chá) de óleo vegetal e, num balde, misture à água quente. Depois, é só mergulhar os pés e relaxar por quanto tempo quiser.
3. No banho: quando desligar o chuveiro, pingue uma ou duas

gotas no chão, longe do ralo — o vapor da água quente vai espalhar o aroma pelo ambiente.

4. Nas mãos: pingue uma gota de óleo essencial na palma, friccione uma mão na outra e leve-as ao nariz de cinco a oito vezes, inspirando profundamente.

5. Nos pés: antes de dormir, aplique duas gotas na sola, espalhando bem, depois ponha meias para potencializar o efeito.

Um chá para cada humor

Você sabia que existe um chá para cada estado de espírito? A seguir, você vai encontrar uma pequena lista de chás adequados para diferentes situações:

- **Cansado:** lavanda
- **Preocupado:** menta
- **Irritado:** limão
- **Deprimido:** cidreira
- **Ansioso:** frutas vermelhas
- **Otimista:** malva
- **Desconfortável:** gengibre
- **Estressado:** camomila
- **Sem energia:** chá preto*
- **Relaxado:** chá verde*
- **Com cólicas:** erva-doce
- **Insone:** camomila
- **Resfriado:** gengibre

  * Evite tomar depois das cinco da tarde.

SOPA: A MELHOR COMPANHEIRA DE INVERNO

Nada melhor do que algo quente e leve para comer antes de dormir, né? Sopas são as melhores pedidas para o inverno — fáceis de preparar, nutritivas e gostosas. Antes de apresentar três receitas deliciosas (todas com rendimento de duas porções), aqui vão seis dicas para melhorar qualquer preparo:

1. Antes de ferver os legumes, refogue-os em alho, cebola e um fio de azeite.
2. Salsão e alho-poró dão um toque especial ao caldo. Use sempre. Você pode usar a parte verde do alho-poró na fervura, mas não na hora de bater, nem servir.
3. Água em excesso tira o gosto dos ingredientes: o ideal é que ela esteja até dois dedos acima dos legumes.
4. Vinho é um bom acompanhamento, mas também pode cair na panela: use um quarto de xícara (de chá) de vinho para cada litro de água.
5. O liquidificador é um superamigo na hora de deixar o caldo homogêneo.
6. *Croûton* e queijos fatiados proporcionam crocância e sabor às sopas mais simples. Coloque no prato ao servir.

Sopa cremosa de mandioquinha

Ingredientes

7 mandioquinhas médias descascadas e cortadas em cubos
1 cenoura descascada e cortada em rodelas
2 cebolas médias picadas
1 filé de peito de frango pequeno cortado em tiras (opcional)
1 colher (de sopa) de azeite
4 xícaras (de chá) de água
1 xícara (de chá) de creme de leite (opcional)
Manteiga
Uma pitada de sal
Pimenta-do-reino a gosto

Modo de fazer
Em uma panela funda, refogue a cebola na manteiga até que fique dourada, depois acrescente as mandioquinhas, a cenoura e o peito de frango (se for usar), deixando no fogo por mais dois minutos. Tempere com uma pitada de sal e pimenta-do-reino. Adicione água e cozinhe por 25 minutos (ou até que os legumes estejam macios). A seguir, bata tudo no liquidificador (com o creme de leite, se for utilizar) e, por fim, volte para a panela para esquentar. Depois é só servir!

Sopa de abóbora com gengibre
Ingredientes
1 kg de abóbora cortada em cubos (qualquer uma vale, mas, se for a japonesa, mantenha a casca) ou de cenoura cortada em rodelas
1 pedaço de gengibre de mais ou menos 5 cm
1 cebola picada
2 dentes de alho picados
2 colheres (de sopa) de azeite
1 colher (de sopa) de páprica (opcional)
½ xícara (de chá) de alho-poró
3 xícaras (de chá) de água

Modo de fazer
Refogue a cebola e o alho no azeite, depois adicione alho-poró e mexa até murchar. Acrescente a abóbora ou a cenoura e mexa por um minuto. Adicione a água e o gengibre, e deixe ferver até a abóbora (ou cenoura) amolecer. Bata tudo no liquidificador (se gostar, você pode pôr a páprica nesse momento) e sirva quente.

Canja
Ingredientes
1 kg de peito de frango
2 xícaras (de chá) de arroz já pronto
4 cenouras cortadas em cubos
3 talos de salsão cortados em cubos
1 cebola picada
2 dentes de alho picados
1 talo de alho-poró picado (somente a parte branca)
2 litros de água
2 folhas de louro
2 cravos-da-índia
2 colheres (de chá) de sal
Azeite a gosto
Pimenta-do-reino moída na hora a gosto

Modo de fazer
Refogue a cebola, o alho e o alho-poró no azeite. Acrescente o frango e refogue mais um pouco, depois é a vez da cenoura e do salsão. Adicione a água e os demais ingredientes, menos o arroz. Deixe ferver em fogo baixo por uma hora e meia ou até que o frango fique macio, para separá-lo e desfiá-lo em seguida. Coe o caldo, retirando as cenouras, e amasse o salsão numa peneira. Por fim, despeje a cenoura, o frango já desfiado e o arroz no caldo (*brodo*, como é chamado em italiano, também pode ser servido com capeletti), e prove para saber se está bom de sal. Sirva quente.

CINCO DRINQUES PARA AQUECER (PORQUE NINGUÉM É DE FERRO!)

Balluccino
Mistura de partes iguais de café expresso e Baileys. Não deixe ninguém convencer você de que não se pode tomar essa bebida a qualquer hora do dia! Ela esquenta o corpo, a alma e o coração.

Irish coffee
Típica da Irlanda, uma das regiões mais frias e úmidas da Europa, essa bebida é uma combinação de café adoçado com açúcar mascavo, uma colher generosa de creme de leite e meia dose de uísque.

Chocolate quente turbinado
Prepare o chocolate quente da forma que mais gostar (a melhor opção é usar o chocolate amargo, cheio de propriedades que ajudam o corpo a se regenerar), e turbine-o com uma dose de conhaque e, se tiver coragem, um minimarshmallow e raspas de (mais) chocolate. Se isso não te esquentar...

Negroni e boulevardier
O primeiro é composto de uma dose de gim, uma colher (de sopa) de vermute e duas colheres (de sopa) de Campari, uma pedra grande de gelo e um twist de laranja. No boulevardier, é só substituir o gim por uísque. Os dois são ótimos acompanhantes para uma noite quentinha.

10 bons hábitos diários para adotar neste inverno

1
Dormir bem (tente deixar eletrônicos fora do quarto)

2
Praticar uma hora de exercícios físicos

3
Beber dois litros de água

4
Ler no mínimo dez páginas de um bom livro

5
Comer três porções de frutas frescas

6
Fazer as refeições sentado e sem distrações

7
Rir alto por pelo menos cinco minutos

8
Ouvir cinco músicas que levantem o astral

9
Tomar três xícaras de chá

10
Meditar durante dez minutos

CUIDADOS PARA O CORPO E A SAÚDE

Creme para hidratar os pés e os cotovelos

Essas partes do corpo são naturalmente mais secas e, por isso, costumam sofrer muito com o inverno. Para suavizar os efeitos do frio, passe uma mistura de partes iguais de qualquer óleo fracionado (pode ser gergelim, coco, amêndoa) e vaselina antes de dormir (com meias, se puder). Três aplicações já fazem bastante diferença!

Para aumentar a imunidade

No inverno, as doenças ligadas à queda da imunidade ocorrem com maior frequência. Essa receita caseira pode ajudar a proteger o seu organismo nessa estação do ano. A dica é tomar na primeira semana de cada mês.

Ingredientes
5 cm de gengibre
5 cm de raiz de cúrcuma
3 colheres (de sopa) de suco de limão
3 colheres (de chá) de melaço ou açúcar de coco
1 pitada de sal rosa

Modo de fazer
Rale o gengibre, envolva os pedacinhos com um pano de prato e esprema-os até obter uma colher (de sopa) de suco, depois faça o mesmo com a cúrcuma (use um pano de prato limpo, mas velho, porque ele vai mudar de cor). Adicione o suco de limão, o melaço (ou açúcar de coco) e o sal rosa e misture bem. Tome uma colher de chá antes do café da manhã, do almoço e do jantar por três dias. Essa receita tende a ser suficiente para esse período, mas, se for necessário, faça um pouco mais.

Mil e uma utilidades
Limão

Além de ótimo para sucos, caipirinhas e temperos, o limão também é um grande aliado na faxina e na melhora do bem-estar. Muitos já sabem que tomar pela manhã, em jejum, uma xícara de água quente com meio limão traz ótimos impactos na saúde em geral. Além disso, nos dias frios, escuros e nublados de inverno, suas propriedades estimulantes são especialmente bem-vindas. A seguir, uma lista com seis utilidades não tão conhecidas do azedinho:

1. Tirar manchas amarelas das roupas: basta pingar vinte gotas em 1 litro de água e deixar as peças de molho por quatro horas antes de lavar.
2. Espantar insetos: espete vinte cravos na metade de um limão e coloque em um ponto estratégico do cômodo.
3. Desinfetar ambientes: misture o suco de um limão com uma xícara (de chá) de vinagre e o desinfetante está pronto!
4. Limpar o banheiro: seus azulejos vão brilhar como nunca se você espremer um limão sobre eles e esfregar bastante.
5. Melhorar o sono: uma fatia de limão na mesa de cabeceira pode ajudar você a dormir melhor.
6. Amenizar o sal das comidas: errou a mão na hora de salgar algum ingrediente? Pingue algumas gotas de limão para melhorar.

Canela e mel

A canela é uma especiaria amadeirada e quente que pode ser usada sem moderação no inverno. Combinada com mel, ajuda a aliviar vários desconfortos do nosso dia a dia — mas, claro, não hesite em procurar um médico se os sintomas persistirem. Veja:

- **Para dor na bexiga:** numa xícara de água morna, dilua duas colheres (de café) de canela em pó e duas colheres (de sopa) de mel. Beba aos poucos, três vezes ao dia.
- **Para dor de dente e sangramentos na gengiva:** leve à boca uma colher (de chá) de mel e meia colher (de chá) de canela em pó, deixando derreter. Repita a dose, em jejum, por pelo menos três dias.
- **Para dor de estômago:** misture duas colheres (de chá) de mel e uma de canela em um copo com água morna. Beba devagar para melhorar a digestão e aliviar gases, azia e desconfortos no estômago.
- **Para acne:** misture mel e canela em partes iguais e passe à noite sobre a área afetada. Espere secar, durma e lave bem pela manhã. Repita o processo durante uma semana para sentir os resultados.
- **Para insônia:** dilua uma colher (de sopa) de mel e meia de canela em água morna, e beba meia hora antes de ir para a cama. Depois disso, o sono vai chegar com mais facilidade.

BOM MOMENTO PARA REFORMAS E CONSERTOS

Por ser a estação mais seca no Brasil, o inverno é a melhor época para fazer reformas e pequenas melhorias em casa. Sem chuva para atrapalhar, os prazos são cumpridos com mais facilidade — as tintas, por exemplo, secam mais rápido, agilizando a aplicação da segunda demão, e os materiais não sofrem com as variações de umidade. O sol ameno também é favorável aos profissionais que realizam esses serviços ao ar livre.

Além disso, como as reformas não costumam ser realizadas nessa estação, já que as pessoas acabam aproveitando o décimo terceiro salário para reformar a casa no verão, apesar das chuvas, a mão de obra é mais farta e os produtos costumam estar mais baratos.

A última dica é: se você mora em uma região com baixas temperaturas nessa época, inspecione a rede de fios elétricos e os canos logo no início da estação — curtos-circuitos e rompimentos são mais frequentes no inverno.

junho

TENHA EM SUAS RECEITAS

O que está fresquinho neste mês:

- **FRUTAS:** carambola, cupuaçu, kiwi, laranja-lima, mangostão, marmelo, mexerica e tangerina.
- **VERDURAS:** agrião, alho-poró, almeirão, brócolis, espinafre, erva-doce e salsa.
- **LEGUMES:** abóbora, batata-doce, cará, ervilha, gengibre, inhame, mandioca, mandioquinha, milho-verde e palmito.

MENTE QUIETA E CORAÇÃO BATENDO

Respiração dos nove ciclos

Praticado há séculos pelos iogues, este é um exercício maravilhoso para equilibrar as energias do corpo pela manhã. O ideal é que você esteja em jejum e de olhos fechados, mas, se for incômodo, não tem problema deixar os olhos abertos ou comer antes de começar.

Sente-se em uma posição confortável, com a coluna ereta, e certifique-se de estar bem firmado no chão, assim não será preciso se preocupar com as pernas durante a prática. Para essa respiração, você vai usar os dedos polegar e anelar da mão direita.

Tampe a narina esquerda com o anelar direito. Inspire longamente pela narina direita e expire por ela da mesma forma. Em seguida, inspire suavemente pela narina direita e expire de maneira rápida e forte. Repita esse ciclo três vezes e depois libere a narina esquerda. Agora, tampe a narina direita com o polegar direito e siga as etapas anteriores mais três vezes. Por último, refaça o ciclo outras três vezes com ambas as narinas abertas. Pratique por pelo menos três minutos. Se conseguir fazer todos os dias, ótimo; se não, faça quando quiser.

PALAVRA-PROPÓSITO
esperança

A esperança, que alguns consideram uma atitude infantil, é um ingrediente imprescindível para a resiliência, o otimismo e a determinação. Esse estado de espírito é uma combinação de ação, atitude e aspiração pelo melhor. Não estamos falando somente de **acreditar** que tudo vai dar certo, mas de **fazer** algo para que isso aconteça (dá muito trabalho!). Nas próximas semanas, use a esperança como guia para um comportamento mais positivo diante da vida.

ANOTAÇÕES
Aproveite este espaço para registrar, com o código de cores proposto, seu humor em cada dia do mês.

segunda	terça	quarta
○	○	○
○	○	○
○	○	○
○	○	○
○	○	○
○	○	○

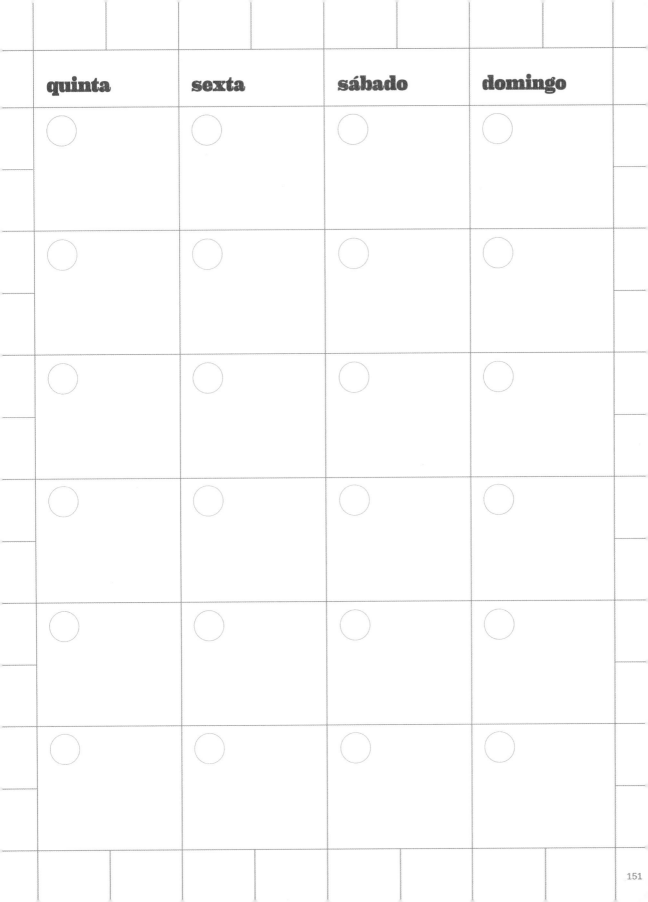

SEMANA 1
Comece algo
Tricotar, escrever um diário, praticar ioga, aprender a preparar o seu bolo favorito, entrar numa aula de dança, plantar tomates, comprar uma bicicleta ou até mesmo fazer um pedido de casamento...
O desafio desta semana é escolher um projeto e levá-lo adiante. Escolha algo simples, cujo resultado possa ser visto até o final do mês. Não desista no meio do caminho; assim você vai colocar em prática três atitudes ligadas à esperança: aspiração, planejamento e ação. Toda vez que olhar para o resultado dessa empreitada, você se lembrará de que é capaz de tocar um projeto até o fim.

NOTAS

NÃO ESQUECER

○ **segunda**

○ **terça**

○ **quarta**

○ **quinta**

○ **sexta**

○ **sábado**

○ **domingo**

SEMANA 2
Seu passado te impulsiona

Pense no projeto mais difícil que já realizou até agora: formar-se, passar no vestibular, mudar de casa. Seja bem preciso com a data da finalização da tarefa. Com foco total nisso, reflita sobre como você estava um mês antes de realizá-la. Lembre-se da sensação de estar sobrecarregado e tente recordar quanto o seu humor foi afetado, como sua paciência para os outros diminuiu. O que fez você ir adiante? Reconhecer essa característica pode ser uma arma para quando você estiver sem esperança. Depois pense no seu sentimento. Em um dos lados de um papel, escreva a palavra que fez você ir adiante; do outro, escreva o que sentiu depois da conquista. Deixe essa folha em um lugar em que você esteja com frequência. Sempre que estiver pensando em desistir, vire o papel e veja o que o motivou anteriormente.

NOTAS

NÃO ESQUECER

○ **segunda**

○ **terça**

○ **quarta**

○ **quinta**

○ **sexta**

○ **sábado**

○ **domingo**

SEMANA 3
Encontre o lado bom

Autora de um dos diários mais famosos do mundo e vítima do Holocausto, Anne Frank escreveu: "Apesar de tudo, acredito que no fundo do coração as pessoas são boas". Nos próximos dias, tente ver o lado bom em tudo o que acontecer com você. Às vezes é difícil se manter otimista em algumas situações, é verdade, mas persevere. É bem provável que você faça ótimas descobertas.

NOTAS

NÃO ESQUECER

○ **segunda**

○ **terça**

○ **quarta**

○ **quinta**

○ **sexta**

○ **sábado**

○ **domingo**

SEMANA 4
Acenda uma luz em alguém

Um bom ouvido e uma palavra de incentivo são o que quase todo mundo precisa quando está na pior. Ter uma pessoa que nos recorda do nosso próprio valor quando nos sentimos sem esperança é de grande ajuda. Nesta semana, faça isso por alguém, mesmo que essa pessoa não esteja se sentindo mal: ligue para o seu avô e conte que sempre se lembra com carinho do dia em que ele ensinou você a andar de bicicleta; deixe um comentário positivo naquela publicação do seu amigo que parece jururu. Vai fazer um bem danado para você e para quem você ama.

NOTAS

NÃO ESQUECER

○ **segunda**

○ **terça**

○ **quarta**

○ **quinta**

○ **sexta**

○ **sábado**   ○ **domingo**

SEMANA 5
Acenda uma luz em você também

Tente pensar em algo que você faz muito bem. Café! Fala sério, ninguém prepara um café melhor: a medida de pó é exata, a temperatura é ideal e não existe uma xícara mais charmosa do que a sua, parece que ela foi feita para os seus lábios. Não é o caso? Vamos para a cama, então — ela, sim, foi a escolha perfeita: o tamanho é ótimo, o lençol é supermacio e o travesseiro tem a altura certa. O.k., errado de novo. Mas com certeza você tem pelo menos dez habilidades que te deixam muito orgulhoso. Nesta semana, pense sobre elas e valorize-as! Quem sabe você não acaba descobrindo mais talentos ainda? Reconhecer isso vai encher o seu coração de esperança.

NOTAS

NÃO ESQUECER

○ **segunda**

○ **terça**

○ **quarta**

○ **quinta**

○ **sexta**

○ **sábado**

○ **domingo**

minhas finanças

despesas fixas

DATA	CONTA	VALOR

TOTAL

balanço do mês

SALDO ANTERIOR ....

TOTAL ENTRADAS ....

TOTAL SAÍDAS ....

SALDO ATUAL ....

POUPANÇA ....

entradas

despesas variáveis

DATA	CONTA	VALOR

TOTAL

DATA	CONTA	VALOR

TOTAL

BALANÇO DO MÊS

Anote aqui livros, séries, filmes e músicas que você descobriu nos últimos trinta dias.

○ **AMEI**   ○ **GOSTEI**   ○ **NÃO É PRA MIM**

METAS ALCANÇADAS

O MELHOR DE
junho

PRECISO MELHORAR

OS CINCO MELHORES MOMENTOS

julho

TENHA EM SUAS RECEITAS

O que está fresquinho neste mês:

- **FRUTAS:** carambola, cupuaçu, kiwi, laranja-lima, mexerica, morango e tangerina.
- **VERDURAS:** agrião, brócolis, coentro, couve, erva-doce, espinafre, louro, mostarda e salsão.
- **LEGUMES:** abóbora, batata-doce, cará, cogumelo, ervilha, inhame, mandioca, mandioquinha, milho-verde, nabo, palmito, pepino e rabanete.

MENTE QUIETA E CORAÇÃO BATENDO
Meditação *kinhin*: parte 1

Quase tudo o que nos deixa tristes e ansiosos faz parte do passado ou do futuro. Estar no presente é difícil, mas nos traz serenidade. Uma das melhores formas de exercitar essa prática é meditar. Ao contrário do que se diz por aí, a meditação não é esvaziar a mente. Parar de pensar é praticamente impossível, algo que os mais avançados mestres conseguem em raras ocasiões, depois de muito treino. Meditar é não se deixar ser sugado pelo fluxo do pensamento, não permitir que as preocupações com o futuro ou os julgamentos sobre o passado tirem sua atenção do agora.

Há muitas formas de meditar. Rezar é uma delas — ao repetir orações conhecidas, nos concentramos nas palavras que proferimos e esquecemos onde estamos e o que nos aflige, nos concentrando apenas em *ser*. Agora que sua respiração está em dia, é uma boa ideia aprender a meditar. Nos próximos três meses, vamos experimentar uma técnica simples: meditar andando.

Os budistas zen praticam o *kinhin*, ou "meditação andando": em fila indiana, eles caminham no sentido horário orientados pela respiração e mantendo uma boa postura. Neste trimestre, vamos nos dedicar a aprender essa prática aos poucos.

Para começar, tire um dia por semana para dar duas voltas no quarteirão onde você mora, sem ouvir música ou falar com amigos — o ideal é pôr celular no modo avião ou "esquecê-lo" em casa mesmo, afinal, a caminhada não vai levar mais do que dez minutos. Volte sua atenção para os seus passos e sua respiração, concentre-se no aqui e agora.

PALAVRA-PROPÓSITO
doação

Madre Teresa de Calcutá, Irmã Dulce, São Francisco de Assis, Mahatma Gandhi e Pina Bausch: o que essas pessoas têm de tão especial? Elas doaram seu tempo, sua energia, sua inteligência para um bem maior. Se olharmos suas biografias de perto, vamos descobrir que nenhuma dessas personalidades era livre de defeitos (nem mesmo São Francisco), mas, apesar disso, o que perdurou foi o trabalho íntegro, devoto e cheio de luz e doação que realizaram. Neste mês, tente descobrir um dom, algo que você faz bem e pode dividir com as pessoas.

realizando um sonho

etapa 3
colocando o sonho em movimento

Agora que você já explorou as possibilidades, é hora de colocar o sonho em movimento. Se seu objetivo for conquistar uma saúde de ferro, está na hora de bolar um plano de ação para resolver seus pontos fracos — seja alimentação, falta de exercício, sono ruim, o que for. Encontrar um bom nutricionista, descobrir o exercício de que você gosta e que se adapta às suas necessidades, achar o local ideal para praticá-lo, começar a meditar para dormir melhor...

Essa é a parte mais trabalhosa, mas, assim que a concluir, você estará a um passo de viver tudo o que sempre quis.

ANOTAÇÕES
Aproveite este espaço para registrar, com o código de cores proposto, seu humor em cada dia do mês.

segunda	terça	quarta
○	○	○
○	○	○
○	○	○
○	○	○
○	○	○
○	○	○

quinta	sexta	sábado	domingo
○	○	○	○
○	○	○	○
○	○	○	○
○	○	○	○
○	○	○	○
○	○	○	○

SEMANA 1
Pratique o desapego

Nesta semana, escolha um objeto pessoal muito querido: uma peça de roupa, uma xícara, um anel, uma almofada, uma caneta. Pense em alguém que gostaria dele (quem sabe até o tenha elogiado um dia) e que não more na sua casa. Escreva um bilhete dizendo o que esse objeto significa na sua vida e o quanto você espera que ele alegre a vida da pessoa em questão. Entregue o presente no melhor estado possível e nunca mais pense sobre isso. Tudo bem se na mão do presenteado o objeto não brilhar do mesmo jeito.

NOTAS

NÃO ESQUECER

○ **segunda**

○ **terça**

○ **quarta**

○ **quinta**

○ **sexta**

○ **sábado**   ○ **domingo**

SEMANA 2
Doe o seu tempo
Nesta semana, pelo menos uma vez, ofereça seu tempo a alguém com quem você se importa. Pode ser qualquer coisa: arrumar uma gaveta, ajudar com a lição de casa, pagar uma conta ou configurar um computador. Se essa pessoa não precisar de nada, simplesmente passe um tempo com ela sem pensar na hora de ir embora — desligue o celular, tente não se preocupar com os problemas que tem de resolver depois e esteja presente. Depois, preste atenção em como se sentiu ao fazer isso.

NOTAS

NÃO ESQUECER

○ **segunda**

○ **terça**

○ **quarta**

○ **quinta**

○ **sexta**

○ **sábado**

○ **domingo**

SEMANA 3
Presenteie alguém

No dia em que for comprar algo para você, escolha um presente para um amigo, um colega de trabalho, o porteiro do prédio ou a faxineira que limpa a mesa do escritório. Não se preocupe se a grana estiver curta, até um bombom pode fazer a alegria alheia. Entregue o mimo e perceba o que esse gesto provocou em você.

NOTAS

NÃO ESQUECER

- [ ] **segunda**
- [ ] **terça**
- [ ] **quarta**
- [ ] **quinta**
- [ ] **sexta**
- [ ] **sábado**
- [ ] **domingo**

SEMANA 4
Faça algo pelo outro

Por mais solitária que seja a sua rotina no trabalho ou em casa, você divide tarefas e obrigações com alguém — selecionar os tópicos de discussão da próxima reunião, regar as plantas do parapeito da janela, limpar o banheiro ou comprar a ração dos pets. Nesta semana, surpreenda essa pessoa fazendo um serviço que seria de responsabilidade dela (caso seja possível, mais de uma vez). Tudo bem se a qualidade da execução não for a mesma. Ouça as críticas, se elas vierem, e observe como você se sentiu depois disso.

NOTAS

NÃO ESQUECER

○ **segunda**

○ **terça**

○ **quarta**

○ **quinta**

○ **sexta**

○ **sábado**

○ **domingo**

SEMANA 5
Faça algo por você
Quando foi a última vez que você se mimou? Na correria do dia a dia, muitas vezes somos tragados pelas obrigações cotidianas e nos distanciamos de nós mesmos. Nesta semana, tire algumas horas para olhar para você — corte o cabelo num lugar especial, mude o desenho da sua barba, ajuste suas calças favoritas, encontre seus melhores amigos, visite a sua avó. Desligue o celular e aproveite intensamente o que está fazendo, observando que sentimentos isso provoca em você.

NOTAS

NÃO ESQUECER

○ **segunda**

○ **terça**

○ **quarta**

○ **quinta**

○ **sexta**

○ **sábado**

○ **domingo**

minhas finanças

despesas fixas

DATA	CONTA	VALOR
		TOTAL

balanço do mês

SALDO ANTERIOR ....

TOTAL ENTRADAS ....

TOTAL SAÍDAS ....

SALDO ATUAL ....

POUPANÇA ....

entradas

despesas variáveis

DATA	CONTA	VALOR

TOTAL

DATA	CONTA	VALOR

TOTAL

BALANÇO DO MÊS

Anote aqui livros, séries, filmes e músicas que você descobriu nos últimos 31 dias.

○ AMEI   ○ GOSTEI   ○ NÃO É PRA MIM

METAS ALCANÇADAS

O MELHOR DE
julho

PRECISO MELHORAR

›› OS CINCO MELHORES MOMENTOS

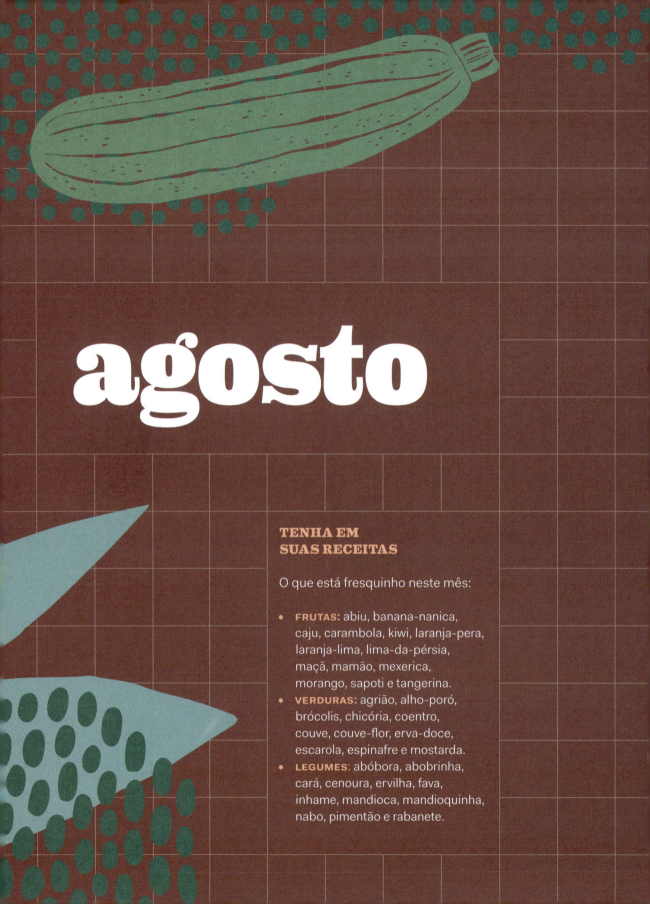

agosto

TENHA EM SUAS RECEITAS

O que está fresquinho neste mês:

- **FRUTAS:** abiu, banana-nanica, caju, carambola, kiwi, laranja-pera, laranja-lima, lima-da-pérsia, maçã, mamão, mexerica, morango, sapoti e tangerina.
- **VERDURAS:** agrião, alho-poró, brócolis, chicória, coentro, couve, couve-flor, erva-doce, escarola, espinafre e mostarda.
- **LEGUMES:** abóbora, abobrinha, cará, cenoura, ervilha, fava, inhame, mandioca, mandioquinha, nabo, pimentão e rabanete.

MENTE QUIETA E CORAÇÃO BATENDO
Meditação *kinhin*: parte 2

Neste mês, vamos seguir na prática da meditação andando. A ideia é fazer o mesmo trajeto com o dobro do tempo. Na prática do *kinhin*, os passos acompanham a entrada e a saída de ar do corpo — a sincronização desse movimento exige muita atenção: você deve dar um passo ao inspirar, seguido de outro ao expirar. Dê duas voltas no quarteirão onde mora, sem se distrair com o celular ou qualquer eletrônico. No começo pode ser difícil, mas não desista. Vai valer a pena.

PALAVRA-PROPÓSITO
atitude

Quem nunca ouviu o jargão "a vida é feita de escolhas"? O conceito pode estar meio gasto, mas sem dúvida tem um fundo de verdade. Todos os dias optamos entre ficar mais na cama ou levantar quando o despertador toca, entre tomar banho e tomar café da manhã, entre ir a pé, de ônibus ou de carro para o trabalho...

A lista de pequenas decisões que tomamos diariamente é interminável. Entre os muitos caminhos possíveis, há sempre um mais benéfico para nós e para o mundo. Neste mês, reflita sobre todas as suas escolhas.

ANOTAÇÕES
Aproveite este espaço para registrar, com o código de cores proposto, seu humor em cada dia do mês.

segunda	terça	quarta
○	○	○
○	○	○
○	○	○
○	○	○
○	○	○
○	○	○

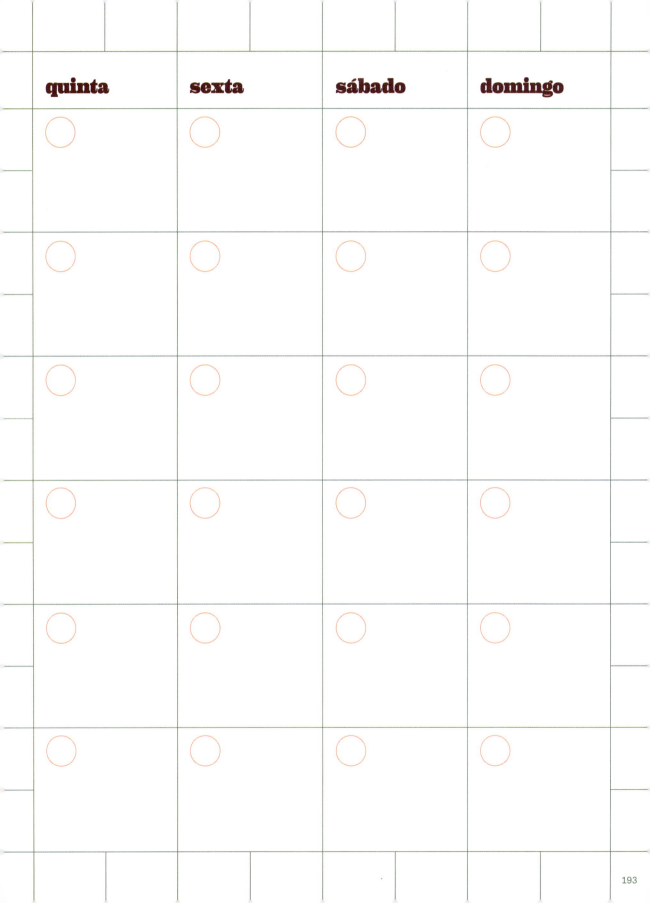

SEMANA 1
Pense antes de agir

Quase sempre sabemos qual é a melhor decisão a ser tomada, mas nem sempre optamos por ela. Nos próximos dias, procure tomar aquela que você sabe que é a melhor atitude, mesmo que traga desconforto ou signifique mais horas de trabalho e dedicação. Observe as consequências de seus atos. Se puder, escreva sobre o que aconteceu e como você se sentiu.

NOTAS

NÃO ESQUECER

SEMANA 2
Ajude a mudar o mundo

Pense um pouco. Quais causas mais comovem você? Cães e gatos abandonados? Crianças pedindo esmolas? Trânsito ensurdecedor? A falta de espaço verde na cidade? A poluição e a sujeira? Nesta semana, tente se engajar em uma iniciativa para amenizar o problema. Não tenha preguiça: pesquise como algumas pessoas estão resolvendo a questão que o aflige e junte-se a elas. Se o que mais te preocupa são os animais, descubra um abrigo sério de cães e gatos e veja se pode ajudá-los com a ração. Está sem grana? Ajude a procurar um lar para os animais que precisam de adoção. Arregace as mangas, coloque a mão na massa. Seja alguém que ajuda a resolver o problema que te perturba.

NOTAS

NÃO ESQUECER

○ **segunda**

○ **terça**

○ **quarta**

○ **quinta**

○ **sexta**

○ **sábado**

○ **domingo**

SEMANA 3
Divirta-se
Você já foi à praia, tomou banho de cachoeira ou passou o dia todo no parque com os amigos este ano? Programe um evento especial nos próximos dias: decida o lugar, ligue para todos e anime a turma — mobilizar as pessoas e os preparativos para que algo bom aconteça faz muito bem. Não se esqueça de registrar esse momento. Se der, imprima uma foto muito boa do encontro e deixe em um lugar bem visível.

NOTAS

NÃO ESQUECER

SEMANA 4
Diga (ou não) o que pensa

Quantas vezes, na mesa de jantar, você se segurou para não começar uma discussão quando alguém expressou uma opinião muito diferente da sua? Ou é o oposto que sempre acontece: quantas vezes o clima foi por água abaixo, mas o seu ponto de vista foi defendido com unhas e dentes? Nesta semana, tente mudar de atitude. Se você for do tipo falante, esteja mais disposto a ouvir os outros. Se for do tipo quieto, enfrente sua complacência e diga o que pensa sobre determinado assunto. Veja o que isso provoca em você e nas pessoas ao seu redor.

NOTAS

NÃO ESQUECER

SEMANA 5
Pare de procrastinar
O que você tem empurrado com a barriga há algum tempo? Consertar o chuveiro do banheiro, trocar os pneus do carro, marcar as próximas férias, terminar uma relação desgastada, começar a se alimentar melhor ou procurar um emprego? Faça uma lista de tudo que está esperando um pontapé inicial para se desenrolar, escolha um item e faça acontecer. Quando terminar, você provavelmente vai perceber que era muito mais simples do que imaginava.

NOTAS

NÃO ESQUECER

- [ ]
- [ ]
- [ ]
- [ ]
- [ ]
- [ ]
- [ ]
- [ ]
- [ ]
- [ ]
- [ ]
- [ ]

minhas finanças

despesas fixas

DATA	CONTA	VALOR

TOTAL

balanço do mês

SALDO ANTERIOR ....

TOTAL ENTRADAS ....

TOTAL SAÍDAS ....

SALDO ATUAL ....

POUPANÇA ....

entradas

despesas variáveis

DATA	CONTA	VALOR

TOTAL

DATA	CONTA	VALOR

TOTAL

BALANÇO DO MÊS
Anote aqui livros, séries, filmes e músicas que você descobriu nos últimos 31 dias.

◯ AMEI ◯ GOSTEI ◯ NÃO É PRA MIM

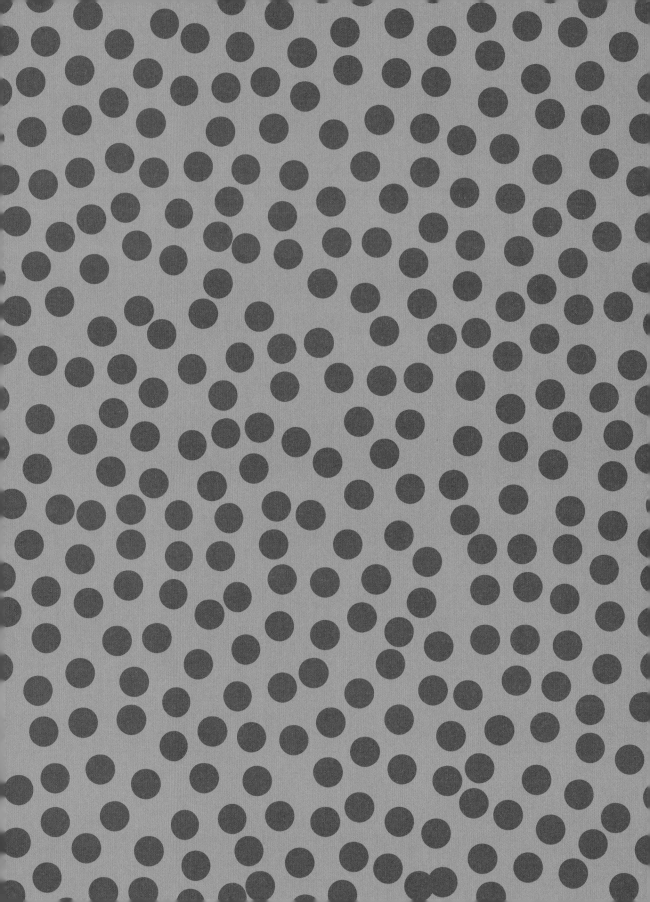

METAS ALCANÇADAS

O MELHOR DE agosto

PRECISO MELHORAR

OS CINCO MELHORES MOMENTOS

primavera

"Primavera" vem do latim *primo vere*, que significa "primeiro verão", pois sucede o inverno e anuncia a chegada dos dias mais quentes do ano. No hemisfério Sul, a estação das flores vai de 22 ou 23 de setembro a 20 ou 21 de dezembro. A primavera é o momento de renascer, de descobrir que, assim como as folhas morrem e adubam a terra onde agora as sementes brotam, o verde vivo reaparece e as flores desabrocham, nós também passamos por momentos difíceis, mas depois voltamos a ver a luz e a nos encher de vida. Esta é uma época de compaixão consigo mesmo e com a vida em geral.

Com dias e noites de tamanhos próximos — marcados por um fenômeno chamado de equinócio, que também ocorre no outono —, a primavera é uma estação de equilíbrio. Entretanto, nem todos captam rapidamente essas mudanças. Na primavera também há paixões e excessos, então seja paciente com os seus sentimentos e com os sentimentos das pessoas ao seu redor, e adote uma postura amorosa: é preciso calma para velar o que está nascendo.

Regue os jardins interiores e exteriores, cultive novos hábitos, cuide do meio ambiente, dedique-se a encontrar a sua luz e a dos outros e celebre o que você conquistou até aqui. Além disso, durante esse período doe parte de seu tempo e de suas qualidades para quem — ou o que — mais precisar. Pode ser que haja alguém bem perto de você necessitando dessa atenção. Essa é uma época de abundância e fertilidade, mas seja prudente e guarde um pouco de energia para as outras estações da sua vida.

ARRUMANDO O GUARDA-ROUPA

Antes de começar...
Quinze dias antes de mergulhar na arrumação, coloque todos os cabides voltados para o mesmo sentido do armário e, sempre que pendurar uma roupa depois de usar, vire-a para o outro lado. Em duas semanas você vai ter uma boa ideia das peças que usa bastante e que devem permanecer ali. Separe as outras e pense: ainda são úteis? Você tem apreço especial por elas? Não seria hora de se desfazer de algumas? Doe ou venda o que não servir mais.

Mão na massa
Tire tudo do guarda-roupa. Deixe a preguiça de lado e limpe bem todas as gavetas e prateleiras. Depois, reorganize as peças de volta da forma como preferir. Aí vão algumas dicas:

- **Por cores:** além de passar uma ótima sensação, essa técnica também ajuda a combinar roupas.
- **Por ocasião:** a finalidade das peças também pode ser um critério de organização: separe espaços específicos para peças de trabalho, de ficar em casa, de festa, de viajar, de praia e assim por diante.
- **Por tipo:** colocar todas as calças juntas e proceder da mesma forma com as outras peças (camisas, vestidos, jaquetas...) é outra forma de organizar o armário.

Tente colocar cada peça em um cabide. Para ganhar espaço, use lacres de lata de refrigerante. Como? Ponha um dos furos do lacre no gancho de um cabide e pendure o gancho de outro cabide no furo que sobrou (mas não abuse desse recurso). Outra dica é reutilizar caixas de cremes, sapatos e presentes para organizar o espaço interno do armário.

É importante que o guarda-roupa esteja bem arejado, então que tal tirar do caminho o que você não vai usar nos próximos meses? Botas, cobertores pesados e casacões costumam ficar esquecidos durante a primavera: guarde-os em caixas, malas ou sacos a vácuo, que costumam ser vendidos em lojas de utensílios domésticos, prevenindo o aparecimento de mofo, traças e ácaros. Se possível, não os dobre antes de guardar (há outras ótimas sugestões nas páginas 75-76).

Lascas de cedro, sachês de algodão com aroma de lavanda ou de erva-cidreira e bolinhas de argila expandida são boas companhias para roupas armazenadas em lugares fechados. Evite contas de madeira — apesar do perfume, elas atraem cupins.

Antes de guardar, lave todas as peças, mesmo as que você usou pouco (às vezes, elas têm pequenas manchas que você só vai ver depois de meses). Depois de lavar, evite expô-las por longas horas ao sol: tecidos costumam deteriorar e desbotar quando isso acontece.

Cada tecido exige cuidados específicos na lavagem. Veja algumas dicas:

- **Náilon:** passe só um pano úmido e deixe secando ao ar livre.
- **Camurça:** trata-se de um tecido muito delicado, então não arrisque e procure uma lavanderia especializada; para guardar, envolva a peça numa capa de TNT.
- **Lã:** use detergente neutro ou sabão de coco, colocando a peça em um saquinho protetor e ativando o modo delicado da máquina de lavar. Deixe-a secar na sombra e nunca pendure em cabide. As roupas de lã devem ser dobradas.
- **Couro sintético:** esse material tende a descamar com o tempo; limpe-o com um pano úmido e guarde-o sempre pendurado depois de secar.
- **Couro legítimo:** esse tecido é mais propenso a fungos e mofo, então envolva-o numa capa de TNT (não use sacos plásticos) quando estiver bem seco e pendure-o num cantinho do armário — nada de usar malas e caixas. Exponha a peça ao sol a cada cinco meses.

ADUBE SEUS RELACIONAMENTOS

A primavera é a época ideal para estar ao ar livre, rodeado de flores coloridas e árvores grandes e frondosas. A seguir, apresentamos cinco sugestões de como desfrutar a natureza com quem faz bem a você:

1. Convide amigos queridos para um piquenique. Escolha pessoas positivas, que gostem de aventura e sempre vejam oportunidades em desafios. Sugira que cada um leve sua comida favorita em quantidade suficiente para compartilhar. Não se esqueçam de levar água e bebidas refrescantes.
2. Solte uma pipa com a criançada da família. Corra, sinta o vento e se divirta com os pequenos. De preferência, na praia ou num gramado perto de casa.
3. Presenteie um amigo com um cristal bonito e significativo. Sugira que ele o deixe na mesa de trabalho ou no lugar onde mais fica, para se proteger e se inspirar.
4. Faça um jantar para pessoas especiais. Prepare um prato leve, gostoso e colorido (você pode incluir no cardápio a salada de endívias com vinagrete de framboesa e flores da página 214), abra um espumante gelado e não se esqueça da sobremesa.

Convide poucas pessoas (até quatro) e sugira que, durante o jantar, todos deixem o celular desligado em outro cômodo para que a conversa seja profunda e alegre. Será uma experiência fantástica, pode acreditar.

5. Passe um fim de semana com amigos. Que tal alugar uma casinha na praia? Escutem músicas que remetam à época em que vocês se conheceram e ponham o papo em dia — a primavera favorece muito as trocas e as conexões entre as pessoas.

COMECE BEM O DIA

A primavera é a época mais propícia a alergias. Começar o dia respirando bem pode ser de grande ajuda para combater os sintomas. Aí vai um passo a passo curtinho de um bom hábito para adquirir no começo da primavera: ao acordar, sente-se na cama e observe a sua respiração. Ela está fluída ou entrecortada? Inspire profundamente, depois expire — ajuste o ritmo para que as duas etapas tenham a mesma duração e continue respirando dessa forma de dois a quatro minutos.

Assim que entrar num ritmo tranquilo tente mentalizar três características suas de que você goste e imagine o que poderia ser feito para torná-las ainda mais exuberantes. Depois pense em três atitudes frequentes que não geram crescimento na sua vida e em como quebrar esses padrões.

Se quiser, utilize um óleo essencial para a prática. O óleo de cipreste e o de pinho — ligados à transição e à vitalidade — são os mais adequados, mas, se preferir outro, não tem problema.

Pingue uma gota nas mãos, friccione-as uma na outra e leve-as em forma de concha ao nariz. Inspire profundamente o aroma três vezes e pergunte-se: "o que esse cheiro faz comigo? Ele me dá uma sensação de expansão ou de contração?". Depois de alguns instantes, enquanto respira, volte a pensar nas três coisas que gostaria de expandir em você mesmo e nas três que gostaria de contrair. Aproveite a energia que o aroma propicia e, se quiser, escreva sobre a experiência.

Repita essa prática por uma semana. Ela vai movimentar energias e sentimentos estagnados de sua personalidade e é normal você se sentir um pouco irritado ou triste quando terminar ou mesmo ao longo do dia. Aos poucos, isso vai passar e você se sentirá mais feliz com aquilo que é.

COMO MONTAR UM CARDÁPIO PRIMAVERIL

Cada parte de uma planta traz diferentes benefícios para as partes do nosso corpo, por exemplo:

- **Raízes,** como mandioquinha, cenoura, cará, beterraba, inhame e mandioca, estimulam o sistema nervoso;
- **Caules e folhas,** como alface, acelga, escarola, espinafre, couve, erva-doce e alho-poró, fortalecem o sistema cardíaco e respiratório; e
- **Frutos e flores,** como abóbora, abobrinha, chuchu, brócolis, tomate e couve-flor, auxiliam o metabolismo e o sistema digestivo.

A primavera é o melhor momento para tirar proveito dessas qualidades. Tente ter ao menos um desses vegetais nas três refeições do dia. Se puder, leve esse hábito para o resto do seu ano (e de sua vida).

Saladas
Leves, coloridas e saborosas, as saladas têm cheiro de tempo bom e combinam com a primavera e o verão. A seguir, cinco receitas deliciosas que podem ser servidas com outras folhas verdes da sua preferência. Todas rendem duas porções.

Salada de endívias com vinagrete de framboesa e flores
Ingredientes
3 endívias
Flores comestíveis sortidas
200 g de queijo feta (ou ricota)
50 g de amêndoas em lâminas
150 g de framboesas frescas (ou congeladas)
4 colheres (de sopa) de vinagre balsâmico
6 colheres (de sopa) de azeite extravirgem
1 colher (de sopa) de mel
50 ml de água
Sal e pimenta a gosto

Modo de fazer
Comece pelo vinagrete: bata as framboesas, o vinagre balsâmico, o azeite, a água, o mel, o sal e a pimenta no liquidificador até formar um creme. Prove e, se necessário, ajuste a medida de sal. Depois, ponha as endívias em um prato, cubra-as com queijo feta esmigalhado (com as mãos mesmo), derrame o vinagrete de framboesa por cima e enfeite com as amêndoas e as flores.

Salada de couve com suco de laranja
Ingredientes
8 folhas de couve
1 pepino japonês
1 cebola roxa
1 pimenta dedo-de-moça
1 laranja espremida
O dobro da medida de azeite
1 colher (de sopa) de mostarda Dijon
1 colher (de chá) de mel
Sal a gosto

Modo de fazer
Em um prato ou travessa funda, retire o caule das folhas de couve e faça um rolinho com elas, cortando em fatias bem finas. Depois, abra a pimenta e remova as sementes para diminuir a picância (se preferir pratos bem apimentados, pode mantê-las): corte-a, junto com a cebola e o pepino, em quadradinhos bem pequenos. Em outro recipiente, misture o suco de laranja, a mostarda, o mel e o azeite, adicionando uma pitada de sal, e a seguir inclua também o pepino, a pimenta e a cebola. Mexa bem e despeje sobre a couve de modo que todas as folhas sejam cobertas pelo molho. Deixe descansar por vinte minutos antes de servir. Essa salada simples e deliciosa é um ótimo acompanhamento para carnes e feijoadas.

Salada caprese
Ingredientes
200 g de queijo burrata
2 tomates grandes (ou 10 tomates-cereja)
1 limão
1 filé de aliche
1 dente de alho
1 punhado de nozes ou ½ xícara (de chá) de *pinoli*
2 xícaras (de chá) de folhas de manjericão
½ xícara (de chá) de queijo parmesão ralado na hora
6 colheres (de sopa) de azeite
Sal a gosto
Pimenta-do-reino a gosto

Modo de fazer
Para o molho pesto, bata 1 xícara e ½ (de chá) das folhas de manjericão, o parmesão, o filé de aliche, as nozes (ou o *pinoli*) e o alho no liquidificador, e reserve. Depois, corte os tomates em rodelas ou ao meio (no caso do cereja), temperando com sal, limão, azeite e pimenta-do-reino, e a burrata em pedaços, deitando-os sobre os tomates, junto com as folhas de manjericão. Cubra tudo com o pesto e está pronto! Essa receita também pode ser servida com macarrão. Se você não é fã de aliche, pode tirá-lo da receita. Se for indiferente a ele, arrisque colocá-lo. Você não vai se arrepender.

Salada de grão-de-bico

Ingredientes
1 xícara e ½ (de chá) de grão-de-bico
½ xícara (de chá) de tomate picado
½ xícara (de chá) de cebola roxa picada
½ xícara (de chá) de salsinha
2 colheres (de sopa) de suco de limão
4 colheres (de sopa) de azeite
Sal a gosto

Modo de fazer
Para começar, depois de deixar o grão-de-bico de molho por doze horas, leve-o ao fogo numa panela de pressão para cozer — a água deve ultrapassar o nível do grão-de-bico por quatro dedos; assim que o vapor começar a sair da panela, conte vinte minutos e desligue o fogo. Quando estiver pronto, misture todos os ingredientes (menos o azeite) num recipiente com tampa, ajustando a medida de sal e limão, e ponha tudo na geladeira por uma hora. Na hora de servir, é só acrescentar o azeite.

Salada de lentilha com romã

Ingredientes
2 romãs
½ maço de salsinha
2 xícaras (de chá) de lentilha crua
8 xícaras (de chá) de água
⅓ de xícara (de chá) de suco de limão
⅔ de xícara (de chá) de azeite de oliva
Sal a gosto
Pimenta-do-reino a gosto

Modo de fazer
No dia anterior ao preparo, deixe as lentilhas embebidas em água e, quando for começar, leve-as ao fogo: aos dez minutos de fervura, prove e, se necessário, ferva por mais cinco minutinhos, para que fiquem al dente. Quando estiverem no ponto, molhe-as com água fria para interromper a cocção e deixe-as na geladeira por uma hora. Nesse meio tempo, abra as romãs, removendo as sementes, e pique o maço de salsinha. Depois, numa tigela grande, misture as romãs, a salsinha e a lentilha. Prepare o molho num recipiente separado, misturando bem os outros ingredientes até gerar um líquido homogêneo. Por fim, adicione as lentilhas temperadas. Acerte a quantidade de sal e limão, e sirva geladinho.

HÁ SEMPRE ESPAÇO PARA **APRENDER E CRESCER,** GARANTEM OS SÁBIOS.

BEBIDAS COLORIDAS

Brisa leve, flores por toda parte, música tocando... Um copo colorido é a cara da primavera. Nem precisa de álcool para ser feliz, não é mesmo? A seguir vão seis receitas de drinques sem bebida alcoólica para embalar a estação (mas, se der vontade, ao final você também encontra dicas de como acrescentar álcool). Abuse das taças e das jarras coloridas na hora de servir.

Manga com morango
Ingredientes
½ manga
1 xícara (de chá) de morangos
1 colher (de sopa) de mel
½ xícara (de chá) de suco de laranja
4 xícaras (de chá) de água com gás
½ copo de cubos de gelo.

Modo de fazer
Bata a manga, os morangos, o mel e o suco de laranja no liquidificador com três pedras de gelo. Coloque numa jarra e complete com a água com gás e o resto do gelo. Sirva na hora.

Limonada de amora
Ingredientes
2 limões espremidos
½ xícara (de chá) de amoras congeladas
½ xícara (de chá) de água
2 colheres (de sopa) de açúcar (ou mel)

Modo de fazer
Em um copo alto, ponha as amoras e o açúcar (ou o mel), amassando bem com um socador, depois adicione o suco de limão e a água. Prove e, se precisar, acrescente mais açúcar. Sirva na hora.

Laranja com abacaxi
Ingredientes
2 fatias de abacaxi
20 folhas de hortelã
1 copo (americano) de suco de laranja
½ copo (americano) de água com gás
½ copo (americano) de gelo

Modo de fazer
No liquidificador, bata o suco de laranja, a hortelã e o abacaxi, depois coe e adicione a água com gás. Sirva com gelo.

Abacaxi com morango
Ingredientes
4 fatias de abacaxi
5 morangos congelados
1 copo (americano) de água de coco

Modo de fazer
Bata todos os ingredientes no liquidificador e sirva.

Melancia com limão
Ingredientes
1 fatia média de melancia
1 limão espremido
½ maçã pequena cortada em cubos
200 ml de água com gás gelada
Açúcar a gosto

Modo de fazer
Bata a melancia e o suco de limão no liquidificador, depois coe e ponha num copo. Veja se está doce o suficiente. Antes de servir, adicione os cubos de maçã e a água com gás.

Piña colada sem álcool
Ingredientes
3 fatias de abacaxi
3 colheres (de sopa) de leite condensado
½ copo (americano) de leite de coco
½ copo (americano) de gelo

Modo de fazer
Bata todos os ingredientes no liquidificado e sirva.

Mas se der vontade...
Substitua a água com gás, comum ou de coco por champanhe ou vinho rosê (sempre depois de bater os outros ingredientes no liquidificador). No caso da piña colada, adicione uma dose de vodca ou de cachaça à mistura.

setembro

TENHA EM SUAS RECEITAS

O que está fresquinho neste mês:

- **FRUTAS:** acerola, banana-maçã, caju, jabuticaba, laranja-lima, laranja-pera, maçã, mamão, mexerica, nêspera, tamarindo e tangerina.
- **VERDURAS:** agrião, alho-poró, almeirão, brócolis, coentro, couve, couve-de-bruxelas, couve-flor, erva-doce, espinafre, louro e orégano.
- **LEGUMES:** abóbora, abobrinha, alcachofra, cará, chuchu, ervilha, fava, inhame, pimentão e rabanete.

MENTE QUIETA E CORAÇÃO BATENDO
Meditação *kinhin*: parte 3

Neste mês, a ideia é trazer o *kinhin* para dentro de casa. Os monges zen usam a sala de meditação, mas você pode usar o quarto, a sala de estar ou qualquer outro cômodo em que possa caminhar no sentido horário.

Mantenha a postura ereta e sincronize os passos com a respiração — um para inspirar e outro para expirar —, depois deixe-os ligeiramente menores do que o usual. Seguir todas essas instruções requer atenção e dificilmente você será capaz de desviar os pensamentos para outro assunto.

Caminhe por no mínimo quinze minutos. Se estiver comprometido com a prática, logo suas passadas terão um ritmo todo seu e muito provavelmente você encontrará calma e quietude interior. Depois dessa meditação, observe os efeitos dela sobre seu dia.

PALAVRA-PROPÓSITO
expansão

É hora de abrir horizontes, investigar os contornos da sua existência e refletir sobre suas habilidades, fraquezas, qualidades e aspirações. Mesmo se você não faz o tipo aventureiro, tente ir além, sair da sua zona de conforto, viver novas experiências, fortalecer relações e aumentar a compreensão de quem você é e onde está.

ANOTAÇÕES
Aproveite este espaço para registrar, com o código de cores proposto, seu humor em cada dia do mês.

segunda	terça	quarta
○	○	○
○	○	○
○	○	○
○	○	○
○	○	○
○	○	○

SEMANA 1
Comece dentro de casa

Tire um dia desta semana para ficar em casa e observar com cuidado o espaço onde você vive. Os objetos que estão ali dizem muito sobre o seu momento, sobre seus gostos e limites. Reflita se gosta do que tem, se o que está ao seu redor faz bem para você. Pense em como sua casa define quem você é.

NOTAS

NÃO ESQUECER

- [ ]
- [ ]
- [ ]
- [ ]
- [ ]
- [ ]
- [ ]
- [ ]
- [ ]
- [ ]
- [ ]
- [ ]

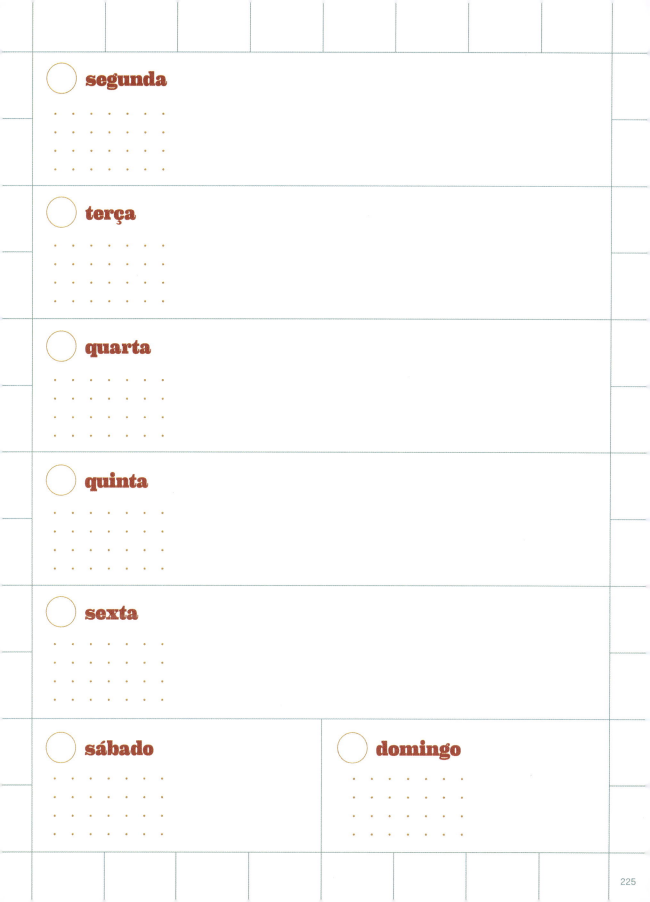

SEMANA 2
Rompa com hábitos

Pense na sua rotina e faça uma lista das atividades mais frequentes: olhar o celular assim que acorda, ler as notícias antes de ir para o trabalho, almoçar no mesmo restaurante toda quarta-feira (e pedir o mesmo prato), usar somente sapatos pretos. Escolha três delas e tente evitá-las nesta semana. Cheque as redes sociais só depois de tomar banho. Ande dois ou três quarteirões e troque de restaurante para o almoço. E que tal comprar um sapato que não seja preto? As possibilidades são infinitas.

NOTAS

NÃO ESQUECER

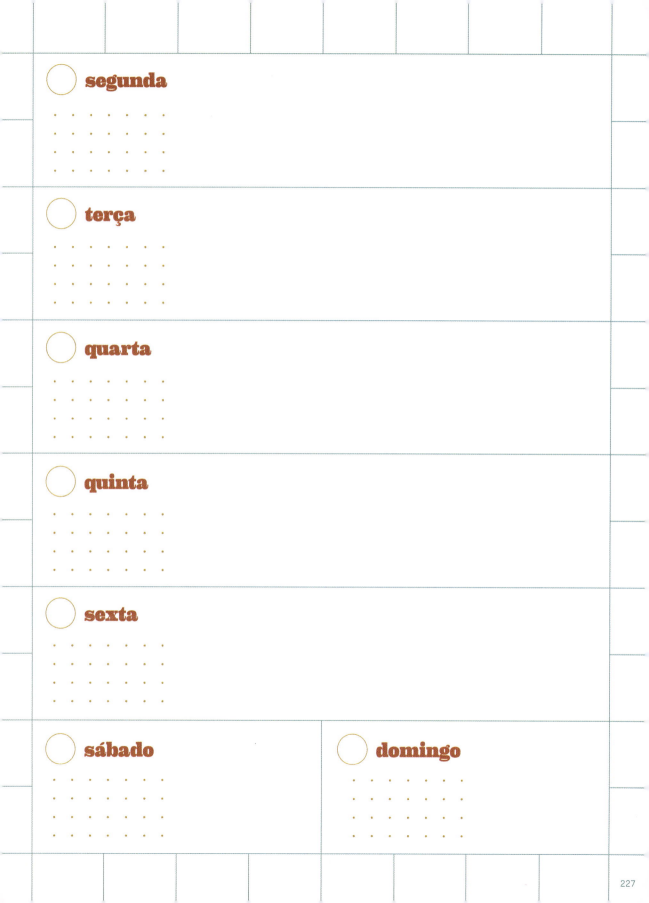

SEMANA 3
Visite um lugar novo

Nesta semana, vá a um lugar onde nunca esteve antes. Com tempo. Pode ser um museu, um café, a casa do seu primo que acabou de se mudar ou até um destino de fim de semana. Desfrute de todos os detalhes desse ambiente: preste atenção nas cores das paredes e do teto, no acabamento do chão, nos cheiros, na temperatura, no ar que preenche cada espaço. Se estiver ao ar livre, deixe seus olhos percorrerem a distância, perceba as linhas do horizonte, a cor do céu, a textura sob seus pés, e abra os ouvidos para os sons ao redor. Descubra a alegria de ver e sentir as coisas pela primeira vez.

NOTAS

NÃO ESQUECER

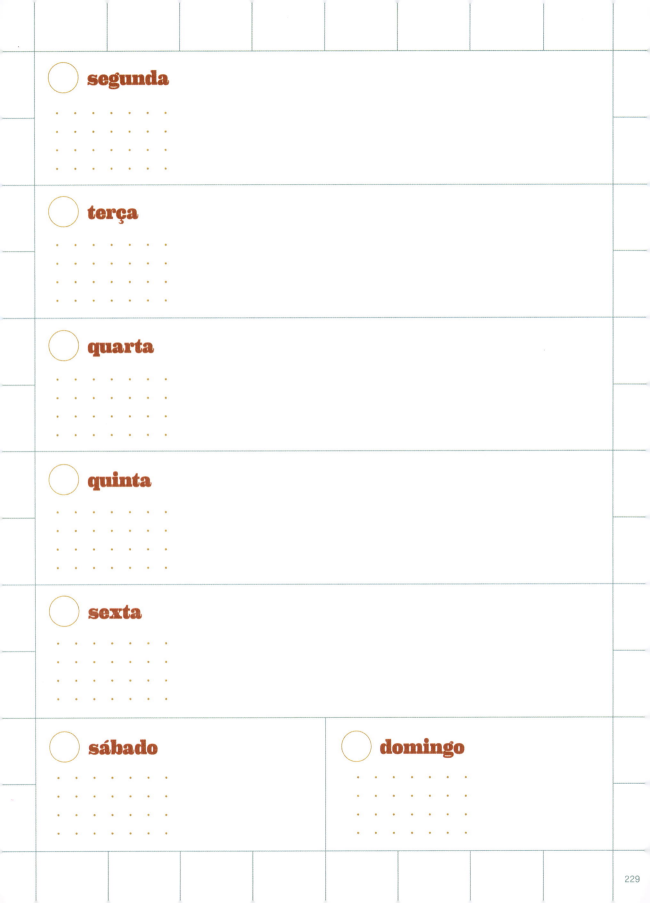

SEMANA 4
Preste atenção nos seus pensamentos

Dentro de nós existe um universo inteiro. Nos próximos dias, explore seus pensamentos. Na reunião semanal no trabalho, em vez de anotar tudo o que ouve sem perder nenhum detalhe, experimente escrever o que você pensa sobre o que acabou de ouvir. Seja sincero: se achar ruim a ideia do seu colega, descreva o que o incomodou nela; se, ao contrário, achar que foi uma boa sacada, anote o que chamou sua atenção e como você imagina que aquele projeto vai se desenvolver. Faça o mesmo durante as aulas da faculdade ou depois de uma conversa com alguém da família. Daqui a quinze dias, volte às anotações e reflita sobre como as situações se desenrolaram e sobre como você se sentiu.

NOTAS

NÃO ESQUECER

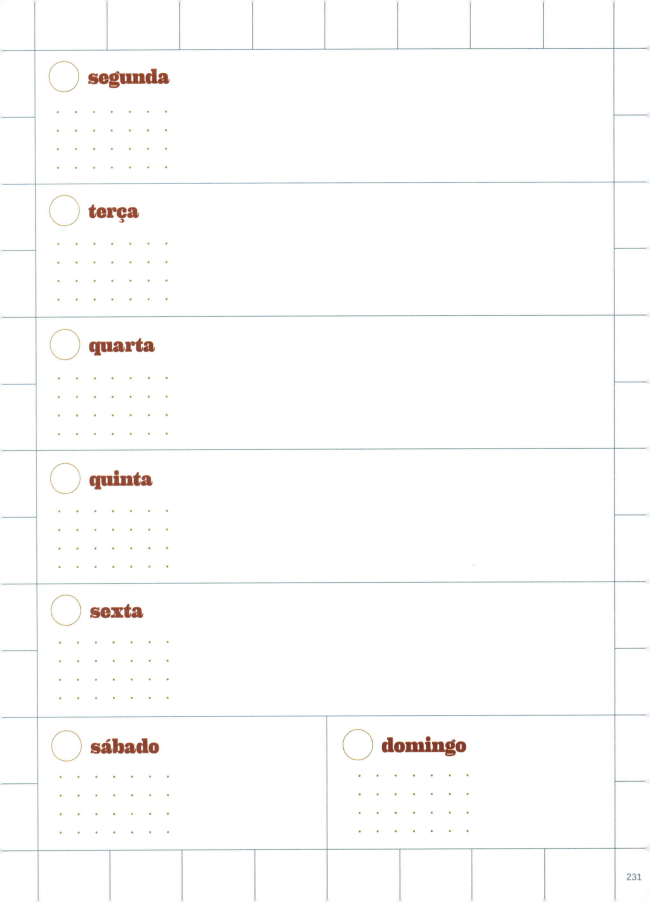

SEMANA 5
Desenhe uma árvore

Nesta semana, reserve duas horas para fazer um desenho: uma árvore com raízes, galhos e folhas. Tudo bem se ela ficar um pouco infantil, o importante é que cada parte da árvore esteja bem clara, porque você vai escrever dentro dela. Pense em sua vida até o momento e relacione-a ao desenho. No tronco, escreva seu nome. As raízes representam suas grandes habilidades: calcular, desenhar, escrever, editar vídeos, dirigir, organizar ambientes. Os galhos simbolizam as etapas da vida que você já superou: estagiar e estudar ao mesmo tempo, curar-se de um coração partido ou dar entrada em um apartamento. As folhas indicam aquilo que você deseja conquistar: comprar uma casa, começar o próprio negócio ou passar um ano viajando pela América Latina. Olhe para a sua árvore com carinho e volte a ela sempre que quiser.

NOTAS

NÃO ESQUECER

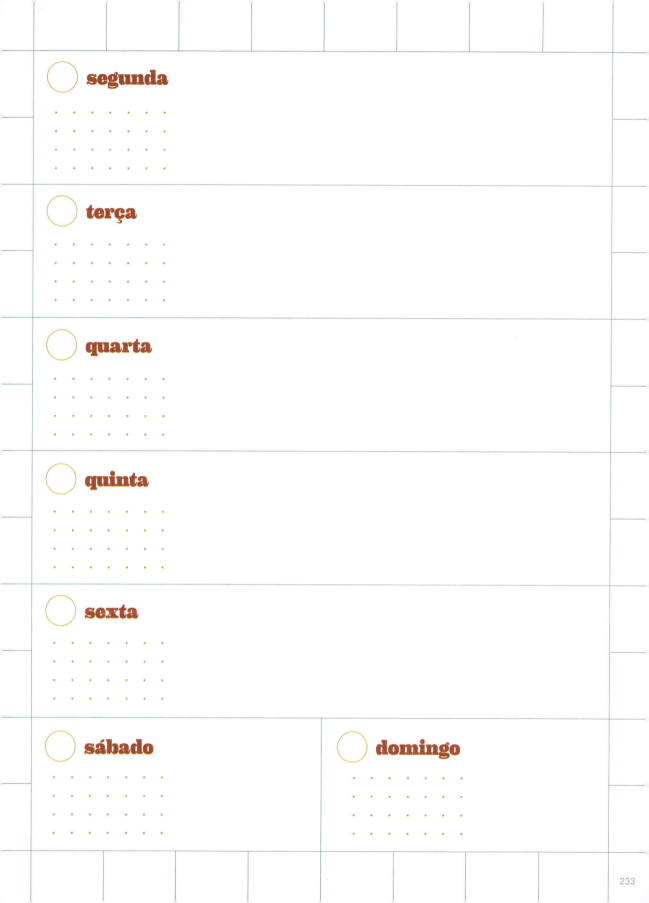

minhas finanças

despesas fixas

DATA	CONTA	VALOR
		TOTAL

balanço do mês

SALDO ANTERIOR ....

TOTAL ENTRADAS ....

TOTAL SAÍDAS ....

SALDO ATUAL ....

POUPANÇA ....

entradas

despesas variáveis

DATA	CONTA	VALOR

TOTAL

DATA	CONTA	VALOR

TOTAL

BALANÇO DO MÊS
Anote aqui livros, séries, filmes e músicas que você descobriu nos últimos trinta dias.

◯ AMEI   ◯ GOSTEI   ◯ NÃO É PRA MIM

METAS ALCANÇADAS

O MELHOR DE
setembro

PRECISO MELHORAR

OS CINCO MELHORES MOMENTOS

outubro

TENHA EM SUAS RECEITAS

O que está fresquinho neste mês:

- **FRUTAS:** abacaxi, acerola, banana-prata, caju, coco-verde, jabuticaba, laranja-pera, lima, maçã, mamão, manga, nêspera e tangerina.
- **VERDURAS:** alho-poró, almeirão, brócolis, catalonha, cebolinha, coentro, couve-flor, erva-doce, espinafre, folha de uva, hortelã, mostarda, orégano e rúcula.
- **LEGUMES:** abóbora, abobrinha, alcachofra, aspargo, batata-doce, berinjela, beterraba, cenoura, ervilha, fava, inhame, pepino, pimentão, rabanete, tomate e tomate-caqui.

MENTE QUIETA E CORAÇÃO BATENDO
Aceite o pensamento que surgir

Estudos mostram que meditar aumenta a sensação de bem-estar e a energia, reduz estresse e melhora o sono, a digestão, a memória e a concentração. No último trimestre, você se dedicou a aprender o *kinhin*, e nos próximos meses vamos explorar outros tipos de meditação. Faça a que mais combinar com você e lembre-se: o importante não é a forma, mas a frequência. Quanto mais praticar, melhor para a sua saúde. Que tal participar de um grupo de meditação? Isso pode elevar a qualidade da experiência. Outra dica é encontrar o horário em que você se sente mais disposto: muitas pessoas dizem que o nascer do sol é o momento ideal, mas se para você for melhor meditar no horário do almoço, vá em frente!

Vamos lá: você já sabe que meditar não é sobre esvaziar a mente. Isso pode até acontecer, mas está longe de ser o objetivo de uma prática. Então, durante a prática deste mês, atenha-se ao que está pensando — num ambiente tranquilo, sente-se com a coluna ereta e feche os olhos, prestando atenção na sua respiração. Em vez de fugir dos seus pensamentos, deixe que eles passem como nuvens levadas pelo vento e observe. Não fuja. Também é provável que muitos sentimentos se tornem mais evidentes na meditação ou que um fio de cabelo na bochecha cause uma vontade inacreditável de levar a mão ao rosto. Não faça nada, apenas se concentre nessa vontade, percebendo os truques da sua mente para levar você ao movimento. Resista. Isso também é meditar.

PALAVRA-PROPÓSITO
otimismo

Ser otimista é ter a capacidade de enxergar uma solução para as mais diversas dificuldades e reunir energia para superá-las. O otimismo pode ser exercitado e faz muito bem a quem decide levá-lo adiante. Nem sempre é fácil abraçar a certeza de que tempos melhores virão. Às vezes a luz está bem escondida nas trevas, mas saiba que, mesmo na escuridão, ela existe. Manter-se esperançoso independentemente do momento que você esteja passando traz benefícios. Neste mês, ajuste sua forma de pensar para ser mais positivo. Vale a pena.

realizando um sonho

etapa 4
indo a campo

Com tudo pesquisado e esquadrinhado, é hora de colocar o sonho em prática. E aprender que a realidade tem mosquitos, maresia, caminhadas longas, novas rotinas... Mas também que você é capaz de sonhar, se organizar e realizar algo. Muitas pessoas de sucesso dizem que fracasso mesmo é não tentar. Não tem problema se enganar, falir, dar com os burros n'água. Erros e acertos fazem parte do processo. Se chegou até aqui, você sabe que é capaz de atravessar todas as etapas e concretizar os seus sonhos. Quem sabe não é hora de resgatar aqueles dois guardados no início do ano? Mas isso é coisa para outro planner...

ANOTAÇÕES
Aproveite este espaço para registrar, com o código de cores proposto, seu humor em cada dia do mês.

segunda	terça	quarta
○	○	○
○	○	○
○	○	○
○	○	○
○	○	○
○	○	○

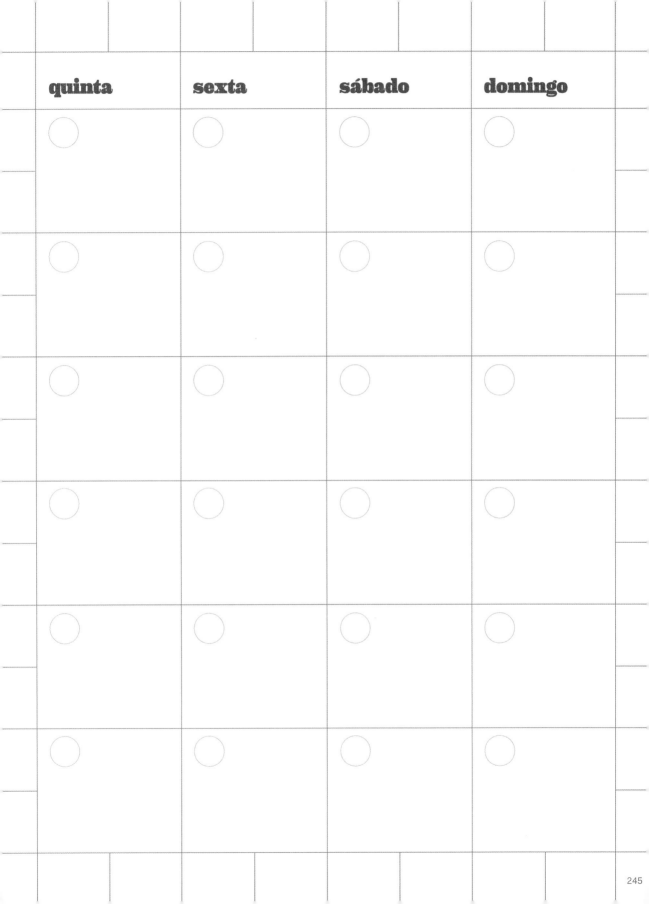

SEMANA 1
Procure flores em todos os lugares

O artista plástico Henri Matisse dizia que sempre há flores para aqueles que querem ver. Durante esta semana, tente ver flores em sua vida: antes de reclamar do trabalho, liste três coisas que fazem você estar ali todos os dias e cinco motivos pelos quais a sua função torna o mundo melhor. Antes de maldizer alguém, pense nas qualidades dessa pessoa. Convide os seus amigos e familiares a fazer o mesmo, criando uma atmosfera positiva. Observe o que todos podem ganhar com isso.

NOTAS

NÃO ESQUECER

- [ ]
- [ ]
- [ ]
- [ ]
- [ ]
- [ ]
- [ ]
- [ ]
- [ ]
- [ ]
- [ ]
- [ ]

◯ **segunda**

◯ **terça**

◯ **quarta**

◯ **quinta**

◯ **sexta**

◯ **sábado**

◯ **domingo**

SEMANA 2
"Brigue" com seus pensamentos

Tire a segunda ou a terça-feira para ser positivo. Não é fácil, fique avisado. Toda vez que se sentir tomado pelo lado negativo de uma situação ou pensamento, mude a direção: lembre-se das vantagens desse cenário. E continue fazendo isso o dia todo. À noite, reflita sobre o quão difícil foi sua batalha e como ela impactou sua rotina. Tente repetir o exercício mais uma vez ainda nesta semana.

NOTAS

NÃO ESQUECER

- [ ]
- [ ]
- [ ]
- [ ]
- [ ]
- [ ]
- [ ]
- [ ]
- [ ]
- [ ]
- [ ]
- [ ]

○ **segunda**

○ **terça**

○ **quarta**

○ **quinta**

○ **sexta**

○ **sábado**

○ **domingo**

SEMANA 3
Procure boas notícias

Nesta semana, tente achar boas notícias entre as manchetes diárias: a cura para uma doença, um animal que saiu da lista do risco de extinção, uma região do mundo em que a qualidade do ar melhorou depois que todos passaram a andar mais de bicicleta. Faça uma lista com essas notícias e volte a ela sempre que se sentir invadido pela negatividade. Além disso, leve esses tópicos para as conversas rotineiras com as pessoas próximas a você. Tente espalhar o lado bom da vida.

NOTAS

NÃO ESQUECER

○ **segunda**

○ **terça**

○ **quarta**

○ **quinta**

○ **sexta**

○ **sábado**

○ **domingo**

SEMANA 4
Leia uma história de superação
Vá à livraria ou à biblioteca mais próxima e escolha um livro sobre superação para ler durante a semana. Há inúmeras histórias de pessoas que enxergaram um caminho onde parecia haver somente portas fechadas e descobriram uma forma nova de ser felizes. Leia esses relatos e procure inspirar-se neles. Afinal, a vida é bela, não acha?

NOTAS

NÃO ESQUECER

SEMANA 5
Ache graça na vida

Se procurarmos com cuidado, sempre vamos encontrar uma pontinha de graça no nosso cotidiano: o vaso de plantas da janela que de tempos em tempos ganha folhas verdinhas, o peixe que nada alegremente no aquário ignorando o vendaval da vida fora dele, a torradeira que garante um pão crocante e perfeito para acompanhar o café da manhã, ou o ônibus que nos leva ao trabalho, poupando uma longa caminhada até lá. Passamos tanto tempo ocupados em ver o Instagram, responder as mensagens no WhatsApp e checar o Facebook que nem percebemos esses detalhes. Nesta semana, abra os olhos para toda a graça na sua vida. Você vai ficar maravilhado.

NOTAS

NÃO ESQUECER

○ **segunda**

○ **terça**

○ **quarta**

○ **quinta**

○ **sexta**

○ **sábado**

○ **domingo**

minhas finanças

despesas fixas

DATA	CONTA	VALOR

TOTAL

balanço do mês

SALDO ANTERIOR ....

TOTAL ENTRADAS ....

TOTAL SAÍDAS ....

SALDO ATUAL ....

POUPANÇA ....

entradas

despesas variáveis

DATA	CONTA	VALOR

TOTAL

DATA	CONTA	VALOR

TOTAL

BALANÇO DO MÊS

Anote aqui livros, séries, filmes e músicas que você descobriu nos últimos 31 dias.

○ **AMEI**   ○ **GOSTEI**   ○ **NÃO É PRA MIM**

METAS ALCANÇADAS

O MELHOR DE
outubro

PRECISO MELHORAR

>>> **OS CINCO MELHORES MOMENTOS**

novembro

TENHA EM SUAS RECEITAS

O que está fresquinho neste mês:

- **FRUTAS:** abacaxi, acerola, banana-nanica, banana-prata, caju, coco verde, framboesa, graviola, jaca, laranja-pera, maçã, mamão, manga, maracujá, melancia, melão, nectarina, pêssego e tangerina.
- **VERDURAS:** alho-poró, almeirão, brócolis, cebolinha, couve-de-bruxelas, endívia, erva-doce, espinafre, folha de uva e manjericão.
- **LEGUMES:** abobrinha, aspargo, berinjela, beterraba, cenoura, inhame, maxixe, nabo, pepino, pimentão e tomate.

MENTE QUIETA E CORAÇÃO BATENDO
As muitas partes do seu corpo

Respirar, andar, concentrar-se em um sentimento, repetir uma frase: tudo pode se tornar o mote da sua prática de meditação. Neste mês, a ideia é se dedicar ao seu corpo: feche os olhos e sente-se numa posição confortável com a coluna ereta — isso favorece o fluxo energético que passa por ela e vai até o topo da cabeça. Comece pensando na sola dos seus pés. Tente sentir o ar passando por ela, imagine a maciez desse tecido tão fininho. Passe para os dedos, calcanhar, canelas, joelhos, e vá subindo lentamente até chegar à cabeça. Ao terminar a meditação, sorria e agradeça a si mesmo por ter terminado o que se propôs a fazer e ao seu corpo por ter tornado isso possível.

> *Ao terminar a meditação,* **SORRIA E AGRADEÇA**

PALAVRA-PROPÓSITO
compaixão

Muita gente descreve a compaixão como a capacidade de sentir a dor alheia, mas não é só isso. Falar ao telefone com uma pessoa querida, ouvindo suas histórias e demonstrando carinho, é uma atitude de compaixão. Um sorriso de aprovação na hora certa, um toque incentivador no ombro e uma marmita preparada para alguém que trabalha longe de bons restaurantes também são atos de compaixão. Exercer a compaixão é uma via de mão dupla: faz bem para quem dá e para quem recebe, além de aliviar o estresse e promover uma vida mais calma e inclusiva. Abra-se para esse sentimento tão nobre.

ANOTAÇÕES
Aproveite este espaço para registrar, com o código de cores proposto, seu humor em cada dia do mês.

segunda	terça	quarta
○	○	○
○	○	○
○	○	○
○	○	○
○	○	○
○	○	○

quinta	sexta	sábado	domingo
○	○	○	○
○	○	○	○
○	○	○	○
○	○	○	○
○	○	○	○
○	○	○	○

SEMANA 1
Faça um chá para alguém
Nesta semana, tenha uma atitude amigável quando alguém estiver com raiva. Não responda na mesma moeda nem leve para o lado pessoal: recue e dê espaço para essa pessoa se expressar. Quando a poeira baixar, prepare um chá para ela ou mesmo escreva um bilhetinho de incentivo ou desculpas se for o caso.

NOTAS

NÃO ESQUECER

SEMANA 2
Sorria indiscriminadamente
Deixe lembretes em lugares aleatórios para estimular você a sorrir mais nos próximos dias, em casa e no ambiente de trabalho. Finalizou uma tarefa? Sorria. Terminou uma sequência de exercícios físicos? Sorria. Na rua, quando seu olhar cruzar com o de um estranho, sorria. Perceba o divino de cada dia e, com uma atitude mais leve, convide os outros a fazerem o mesmo.

NOTAS

NÃO ESQUECER

○ **segunda**

○ **terça**

○ **quarta**

○ **quinta**

○ **sexta**

○ **sábado** ○ **domingo**

SEMANA 3
Mergulhe em outros mundos

Faça uma lista de dez personagens literários sobre os quais você tenha ouvido falar e busque saber mais sobre eles. Escolha o livro com o protagonista que mais chamou a sua atenção e compre-o em uma livraria ou em um sebo (você também pode verificar a disponibilidade do título na biblioteca mais próxima). Leia a história se esforçando para entrar na vida do personagem — pense e sinta como ele. A partir daí, veja como o desenrolar dos acontecimentos da obra afeta você. A literatura é uma das melhores formas de desenvolver compaixão e empatia. Abuse dela. Não há contraindicações.

NOTAS

NÃO ESQUECER

SEMANA 4
Alivie o estresse alheio

Conhece alguém que está sob muita pressão? Sua prima acabou de ter um bebê e não tem tempo para preparar um feijão? Sua mãe passa horas na fila do banco para pagar uma conta? Faça algo por essas pessoas. Dê de presente uma caixa de bombons, leve um feijão fresquinho ou faça companhia no banco. Tente aliviar um pouco do peso que pessoas queridas estão carregando.

NOTAS

NÃO ESQUECER

○ **segunda**

○ **terça**

○ **quarta**

○ **quinta**

○ **sexta**

○ **sábado**

○ **domingo**

SEMANA 5
Seja um *lover* nas redes sociais

Talvez esse seja o exercício mais difícil deste planner. Nesta semana, seja um *lover* nas redes sociais. O que é isso? O contrário daquilo que mais vemos, ou seja, *haters* (gente que passa muito tempo apontando defeitos nos outros). Nos próximos dias, tente se colocar no lugar de todas as pessoas que estão sendo criticadas: será que tantos comentários negativos não têm nenhum efeito na autoestima delas? O que as levou a fazer a publicação que está sendo tão atacada? Como será que foi o seu dia? Quebre o ciclo e comente algo que você gostaria de ouvir se estivesse na mesma situação — seja um *lover*! Observe como a sua atitude vai reverberar. Talvez ela não leve a nada, mas, mesmo assim, analise como se sente experimentando as dores alheias.

NOTAS

NÃO ESQUECER

○ **segunda**

○ **terça**

○ **quarta**

○ **quinta**

○ **sexta**

○ **sábado**

○ **domingo**

minhas finanças

despesas fixas

DATA	CONTA	VALOR
		TOTAL

balanço do mês

SALDO ANTERIOR ....

TOTAL ENTRADAS ....

TOTAL SAÍDAS ....

SALDO ATUAL ....

POUPANÇA ....

entradas

despesas variáveis

DATA	CONTA	VALOR

TOTAL

DATA	CONTA	VALOR

TOTAL

BALANÇO DO MÊS

Anote aqui livros, séries, filmes e músicas que você descobriu nos últimos trinta dias.

○ **AMEI** ○ **GOSTEI** ○ **NÃO É PRA MIM**

METAS ALCANÇADAS

O MELHOR DE
novembro

PRECISO MELHORAR

》 OS CINCO MELHORES MOMENTOS

verão

A palavra "verão" vem do latim *veris*, que significa "bom tempo": nesta época do ano, os dias são mais longos, e as noites, mais curtas — recebemos mais luz solar que nunca. No hemisfério Sul, o verão começa no dia 20 ou 21 de dezembro e vai até dia 20 ou 21 de março, acompanhado de muito calor e chuvas torrenciais. Sair à rua torna-se mais agradável e há um desejo crescente de renovar as rotinas, encontrar os amigos e dar vazão às vontades e aos sentimentos.

Antigamente, os nossos ancestrais aproveitavam a abundância de luz desse período para cultuar o fogo da vida, construindo enormes fogueiras — de acordo com a crença, as brasas transformavam os velhos hábitos e doenças em cinzas, abrindo espaço para a energia, a alegria, a fecundidade e o prazer abundantes proporcionados pelo astro rei.

Por estarmos tão próximos ao sol nessa estação, o nosso poder de transformação também se fortalece — assim como as colheitas ficam fartas e cheias de viço, nós podemos aproveitar a claridade solar para despertar potenciais adormecidos e pôr nossos projetos em ação: é tempo de correr atrás dos nossos sonhos com energia extra e dar brilho aos nossos dons e qualidades.

5 DICAS PARA APROVEITAR OS DIAS ENSOLARADOS

1. Não se esqueça de beber água! Hidratar-se é essencial nesta época do ano.
2. Dormir pode ser um desafio nas noites quentes de verão. Pratique exercícios físicos para cansar o corpo e melhorar a qualidade do sono.
3. Saia com os amigos e cultive as amizades, um dos bens mais preciosos que podemos ter na vida. O verão é a melhor época para encontros. Marque cafés, jantares, almoços e caminhadas. Quanto tempo faz que sua turma de escola não se encontra? Que tal fazer uma tarde de drinques com eles? Qualquer desculpa é boa o suficiente para estar com quem realça o nosso melhor.
4. Use e abuse das cores. Perca o medo do amarelo, do vermelho vivo, do verde neon. Pode ser uma camiseta, um lenço, um sapato: traga o verão para mais perto de você.
5. Passe um dia desconectado: desligue o celular, esqueça as redes sociais e, se for possível, não faça ligações. Invista o tempo disponível em encontrar as pessoas de quem você gosta.

CUIDADOS ESPECIAIS PARA A PELE

No verão, devemos reforçar os cuidados com a pele, hidratando-a e passando protetor solar constantemente. Expor-se ao sol antes das nove da manhã e depois das cinco da tarde por pelo menos quinze minutos é uma ótima tática para captar vitamina D (aliás, você sabia que, em muitos países do hemisfério Norte, essa vitamina precisa ser ministrada em cápsulas, já que o sol é menos frequente?). Caso queira se depilar, faça isso dois dias antes de se expor à luz solar para proteger a pele e evitar manchas.

Quer conquistar um bronzeado impecável? Inclua cenoura, abóbora, mamão, maçã (com casca) e beterraba nas suas refeições diárias — esses alimentos são ricos em carotenoides, que ajudam a manter a cor bonita por mais tempo. Outra dica é tomar banhos mornos ou frios — a água quente resseca a pele, desgastando mais rápido o tom adquirido nas tardes à beira da piscina ou na areia da praia.

Nesse período do ano, a nossa pele tende a ficar mais oleosa, provocando o aparecimento de cravos, especialmente na região do nariz. Use um sabonete esfoliante no rosto uma vez por semana para melhorar os sintomas.

PARA COMEÇAR BEM A ESTAÇÃO
Pequeno ritual para afastar o negativo e animar o novo

Os antigos acreditavam que os poderes das ervas eram mais fortes no verão, o que torna essa época ideal para rituais de limpeza. Sálvia, manjericão, girassol, menta, erva-de-são-joão e lavanda são plantas para purificar e atrair proteção. Escolha um dia da semana e reúna um punhado de uma dessas ervas secas. Pense em tudo que faz bem a você e na energia que gostaria de ter para realizar, e então queime as ervas dentro de um recipiente de louça. Ande pela casa espalhando a fumaça e perfumando o seu lar com o aroma de coisas boas e novidades, livre do que pesou e se estagnou nas últimas estações.

Limpeza de cristais
Sol é energia, por isso essa é a melhor estação para limpar e reenergizar cristais. Deixe-os em água com sal por duas horas e depois os coloque por horas ao sol para secar.

RECEITINHAS TESTADAS E APROVADAS PARA ILUMINAR O SEU VERÃO

Salada de frutas para refrescar
Ingredientes
¼ de abacaxi
1 laranja
1 manga média
1 ameixa fresca
¼ de melão
1 maçã pequena
¼ de melancia
1 limão
20 uvas verdes sem caroço
Erva-cidreira fresca a gosto

Modo de fazer
Faça um suco usando a melancia e o limão, e corte as demais frutas em cubos. Numa tigela, misture-as e cubra com o suco e, em seguida, adicione o quanto quiser de erva-cidreira picadinha. Essa porção rende o suficiente para o café da manhã de duas pessoas, ou para a sobremesa de quatro.

> " Inclua CENOURA, BETERRABA e ABÓBORA em sua dieta para manter o bronzeado"

Sangria de vinho rosê e Aperol

Ingredientes
10 morangos
5 laranjas
1 maçã média
½ abacaxi
½ xícara (de chá) de Aperol
¼ de xícara (de chá) de água
1 garrafa de vinho rosê
200 ml de água com gás gelada
4 colheres (de sopa) de açúcar
Gelo a gosto

Modo de fazer
Ferva a água sem gás e o açúcar até atingir o ponto de fio (quando, ao ser puxada com um garfo ou uma colher, a mistura forma um fiozinho que se desmancha facilmente), depois deixe esfriar. Corte as laranjas com casca em fatias finas para decorar, e as demais frutas em cubos e rodelas. Numa jarra grande e transparente, coloque o Aperol, o vinho rosê, a calda de açúcar e metade das frutas picadas. Misture e leve à geladeira por uma hora. No momento de servir, adicione a água com gás, o gelo e as frutas que sobraram — deixe palitos à disposição para quem quiser pescá-las e comê-las. Sirva em copos transparentes!

Tenha na geladeira
Chá gelado de erva-cidreira — que auxilia na hidratação profunda da pele dos órgãos internos — é uma ótima bebida para o verão: ferva 1 litro de água e, quando desligar o fogo, adicione um maço da erva, deixando descansar com tampa por seis minutos. Depois, coe e ponha na geladeira. A água aromatizada é outra boa companheira para os dias quentes.

Combatendo os efeitos colaterais do verão com águas aromatizadas

Preparar águas aromatizadas é superfácil: encha metade de uma garrafa de 1 litro com água filtrada, depois adicione frutas e gelo. Deixe descansar por uma hora, e então beba ao longo do dia, completando com mais água filtrada quando for necessário. Você pode usar diferentes frutas para diferentes sintomas. Aí vão as melhores combinações:

- **Para prevenir gripes e estimular o bom humor:** 8 rodelas finas de laranja, 4 de limão siciliano, 4 de limão taiti e 10 folhas de hortelã.
- **Para melhorar a digestão:** 1 kiwi sem casca, 3 morangos cortados em pedaços e 5 fatias de pepino com casca. Evite tomar durante as refeições e até meia hora depois.
- **Para evitar a retenção de líquidos:** 7 rodelas de gengibre, 6 de pepino e 8 de limão.
- **Para combater inflamações:** 10 cubinhos de abacaxi, mais ou menos 20 sementes de romã e 8 fatias de limão.
- **Para inibir a oxidação celular:** 10 fatias de morango, 5 de laranja e 8 mirtilos.

TRÊS REMÉDIOS NATURAIS PARA CURAR RESSACA

Verão é sinônimo de festa. E, às vezes, boa festa implica certo excesso de álcool. Na balada, a vida é linda, os amores, perfeitos, e os amigos, divertidos. No dia seguinte, porém, a ressaca bate na nossa porta. A seguir, três receitas para restaurar estômagos machucados e devolver alguma dignidade a qualquer cidadão.

Chá de fubá

Estrela do colunismo de gastronomia e banqueteira de primeira, Nina Horta (1939-2019) contou, em uma matéria da *Folha de S.Paulo* publicada em dezembro de 2015, que sua mãe fazia um chá de fubá milagroso para curar ressacas: numa panela com muita água, coloque uma colher de fubá, mexendo até que o líquido fique com a textura de "um veludo". Pode demorar um pouco, mas essa textura vai surgir. Tempere com sal ou açúcar, conforme o seu paladar, e beba devagarinho. Conserta o estômago.

Chá de malva

Muito conhecido entre as avós nascidas nos idos de 1900, o chá de malva restaura qualquer organismo. Ferva 1 litro de água, adicione dez folhas de malva e tampe o recipiente por dez minutos. Beba o chá aos pouquinhos durante 24 horas (se for muito para você, faça um esforço para bebericá-lo por doze horas).

Suco de tomate

O chef paulistano Alex Atala também tem uma receita para o período pós-excessos: faça um suco com dois tomates batidos e um pouco de sal, e passe-o num coador de papel — o líquido vai ficar quase transparente. Tome aos poucos, repetindo a dose ao longo do dia.

CUIDADOS PARA A CASA

Nesta época do ano, o aumento da umidade contribui para o aparecimento de mofo dentro dos armários. Para evitar que isso aconteça, deixe-os abertos pelo menos um dia da semana, e não guarde roupas usadas dentro do móvel, nem borrife perfumes e aromatizadores nas peças. Para limpar as superfícies do armário, use vinagre branco, um verdadeiro coringa da limpeza doméstica (logo vamos falar mais sobre ele!). Dependendo da necessidade, faça isso uma vez ao mês ou toda semana. Ainda sobre a mobília, sabemos que existem poucas coisas mais acolhedoras do que o sol entrando pela janela, certo? Mas cuidado! Madeiras e móveis de cores exuberantes tendem a desbotar mais rápido quando expostos ao sol.

Os insetos também estão mais abundantes no verão: velas de citronela e frascos com álcool e cravos-da-índia posicionados em locais estratégicos afugentam mosquitos, baratas e pernilongos. Outra boa medida é fechar as janelas e as portas antes de o sol ir embora, além de redobrar o cuidado com água parada e caixas d'água destampadas, para evitar doenças como a dengue. Para afastar formigas, mantenha o ambiente limpo e seco, e deixe pequenos ramos de três folhas de louro amarradas com um barbante espalhados pela casa.

Com o calor, as frutas costumam amadurecer mais rápido e atrair bichinhos: compre menos unidades de cada vez e mantenha-as em um local fresco e com sombra, ou mesmo na geladeira. As altas temperaturas também fazem o lixo ter um odor mais forte: uma dica é colocar um pouco de bicarbonato de sódio (outro curinga) no fundo das lixeiras.

Dicas para manter as flores bonitas por mais tempo
Troque a água dos vasos a cada dois dias, adicionando dois cubos de gelo. Aproveite a ocasião para cortar a ponta das hastes em diagonal, e deixe as flores em um local onde não bata muito vento nem haja uma exposição direta ao sol.

Bicarbonato de sódio e vinagre branco: mais usos de dois coringas das soluções caseiras

7 utilidades do bicarbonato de sódio

1. Para eliminar cheiros da geladeira, deixe ali dentro um potinho aberto com 1 colher (de sopa) de bicarbonato. Outra boa opção é dissolver a mesma quantidade de bicarbonato em 1 litro de água morna e, com um pano, passar em todo o eletrodoméstico.
2. Quer tirar manchas amarelas das roupas? Faça uma pasta com 1 colher (de sopa) de bicarbonato e 1 colher (de sopa) de vinagre de álcool branco, e aplique sobre a mancha, com o tecido seco. Deixe agir por uma hora, depois lave a peça normalmente.
3. Para deixar camisas mais brancas e eliminar odores de suor, acrescente 1 colher (de sopa) de bicarbonato para cada 5 litros de água na hora da lavagem.
4. Se quiser deixar o forno brilhando, faça uma pasta com ¾ de um copo de bicarbonato de sódio, ¼ de copo de sal e ¼ de copo de água. Passe no forno à noite, evitando as áreas de ventilação. No dia seguinte, remova a mistura com uma esponja ou um pano úmido.
5. Para limpar o micro-ondas, aplique 1 colher (de sopa) de bicarbonato no lado menos áspero da esponja de lavar louça e espalhe na parte interna e externa do aparelho. Deixe agir por três minutos, depois tire o excesso com um pano úmido.

6. Se o problema for chulé, espalhe uma camada fina de bicarbonato dentro do sapato assim que descalçá-lo. Não esqueça de limpar no dia seguinte.
7. Esta é uma utilidade bônus: adicione 3 colheres (de sopa) de bicarbonato de sódio ao escalda-pés para acalmar e aliviar o cansaço depois de um dia intenso e de viagens longas.

7 *utilidades do vinagre branco*

1. Já alertamos que o mofo é mais frequente no verão, certo? Para combatê-lo, misture 240 ml de vinagre de álcool e 1 colher (de chá) de bicarbonato em um recipiente grande (vai borbulhar bastante). Quando a reação química parar, mexa um pouco mais e, com um borrifador, aplique a solução sobre as áreas com mofo de objetos e roupas. Deixe agir por quinze minutos e, em seguida, seque com um pano limpo. Repita a operação todo mês.
2. Para limpar vidros, dilua 1 colher (de sopa) de vinagre em 1 litro de água morna. Borrife na superfície e, em seguida, seque com um pano.
3. Para limpar carpetes, misture quantidades iguais de vinagre e água e borrife delicadamente sobre a peça. Se precisar tirar manchas, acrescente 1 colher (de chá) de bicarbonato à solução e aplique sobre elas, deixando agir por dez minutos. Escove o local e retire o excesso de água com um pano.
4. O vinagre branco também é um ótimo amaciante: na hora de pôr as roupas na máquina, acrescente 2 colheres (de sopa) de vinagre a cada 5 litros de água e lave-as normalmente.
5. Para deixar o chão brilhando, misture 5 colheres (de sopa) de vinagre a cada 2 litros de água, passe no piso com um pano e espere secar. Não se preocupe, o cheiro forte vai sair bem rápido. Se o seu animalzinho de estimação tiver errado o caminho do banheiro, dobre a quantidade de vinagre para desinfetar o local.
6. Para tirar a gordura das panelas, encha-as com água e adicione 4 colheres (de sopa) de vinagre. Deixe ferver e, em seguida, lave-as como de costume.
7. Se o desafio for limpar os tênis, dilua 1 colher (de sopa) de vinagre em meia colher (de sopa) de detergente neutro e aplique na borracha do calçado. Deixe agir por dez minutos, depois tire com um pano úmido.

dezembro

TENHA EM SUAS RECEITAS

O que está fresquinho neste mês:

- **FRUTAS:** abacaxi, ameixa, amora, banana-prata, cereja, coco verde, damasco, figo, framboesa, graviola, kiwi, laranja-pera, lichia, limão, maçã, manga, maracujá, melancia, melão, nectarina, pêssego, romã e uva.
- **VERDURAS:** alho-poró, almeirão, cebolinha, endívia, erva-doce, folha de uva, hortelã, mostarda, orégano, rúcula, salsa e salsão.
- **LEGUMES:** berinjela, beterraba, cenoura, pimentão, tomate e vagem.

MENTE QUIETA E CORAÇÃO BATENDO
Meditar todos os dias

Meditar nem sempre é fácil. Muitas vezes, a resistência é maior do que a força de vontade, mas seja persistente: neste mês, reserve apenas dois minutos do seu dia para meditar. Lembre-se de escolher o melhor horário e um lugar confortável, que inspire paz — mantenha sempre o mesmo horário e o mesmo local para a prática. Você pode estar na posição que preferir, desde que a sua coluna fique ereta (existem pessoas que adoram meditar em pé!). Pelo menos por enquanto, tente usar apenas uma posição. Comece sempre pela respiração — inspirar e expirar de forma lenta e constante é um passo gigante para acalmar o espírito e concentrar-se. Sorria sempre ao terminar e seja grato à sua persistência e capacidade de cumprir o que havia combinado consigo mesmo.

PALAVRA-PROPÓSITO
gratidão

Em sua *Receita de Ano-Novo*, Carlos Drummond de Andrade diz que, para ganhar um ano novo que faça jus ao nome, é preciso merecer. Este planner foi pensado para isso: apresentar novos caminhos, alterar sua maneira de ver o dia a dia. Se você chegou até aqui e pôs em prática algumas das propostas das páginas anteriores, com certeza merece iniciar o próximo ano de forma diferente. Seja grato pelas vitórias e aprendizados que fez ao logo do caminho, e pelos pequenos milagres do dia a dia: abrir os olhos, respirar, sentir o coração batendo, deitar numa cama macia, vestir roupas limpas e estar rodeado de pessoas queridas. Apesar de tudo isso parecer normal, nem todos têm essa sorte. Quem aprende a ser grato pelo que tem é mais feliz. Neste mês, pratique a gratidão e, de peito aberto, se prepare para mais um ciclo: você fez por merecer!

ANOTAÇÕES
Aproveite este espaço para registrar, com o código de cores proposto, seu humor em cada dia do mês.

segunda	terça	quarta
○	○	○
○	○	○
○	○	○
○	○	○
○	○	○
○	○	○

quinta	sexta	sábado	domingo
○	○	○	○
○	○	○	○
○	○	○	○
○	○	○	○
○	○	○	○
○	○	○	○

SEMANA 1
Tenha um "pote da gratidão"
Mantenha em casa um pote bonito com uma folha de papel e caneta ao lado. Todos os dias, anote uma coisa pela qual é grato e deposite nele. Estimule as pessoas que moram com você e visitam a sua casa a fazerem o mesmo. De tempos em tempos, leia em voz alta o que foi posto ali. Esse exercício pode durar o tempo que você quiser — uma semana, quinze dias, um mês ou um ano inteiro.

NOTAS

NÃO ESQUECER

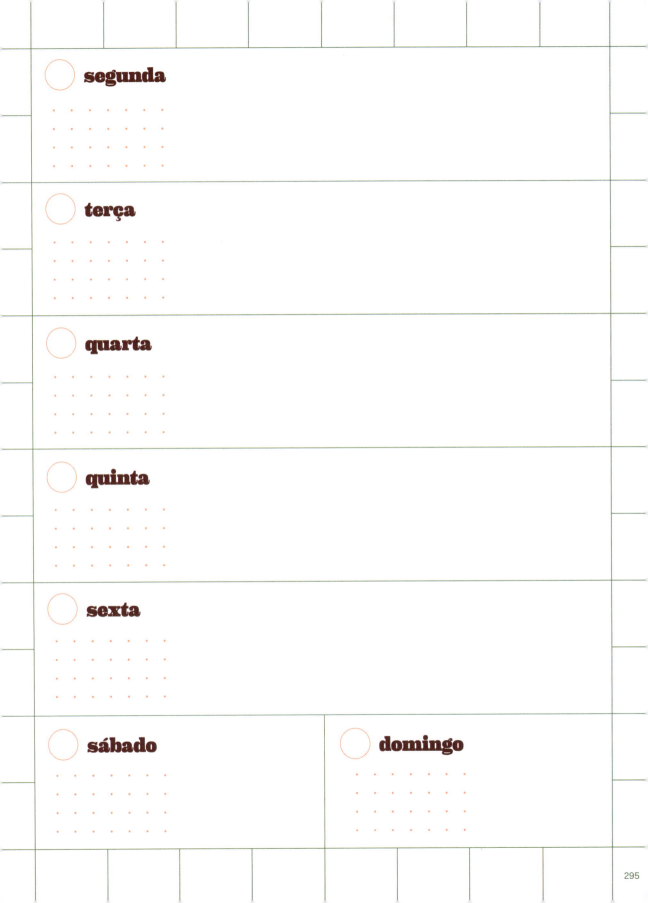

SEMANA 2
Seja grato pelas suas refeições

Antes de comer, os monges zen costumam agradecer a todos que tornaram aquela refeição possível. Durante esta semana, faça o mesmo: com as suas próprias palavras, diga "muito obrigado" a todos que permitiram que você tivesse essa comida no prato — dirija seus pensamentos às plantas que vão nutrir o seu organismo, ao agricultor que lavrou a terra, ao motorista que levou as verduras até o mercado e ao padeiro que amassou o pão.

NOTAS

NÃO ESQUECER

○ **segunda**

○ **terça**

○ **quarta**

○ **quinta**

○ **sexta**

○ **sábado**

○ **domingo**

SEMANA 3
Encontre novos motivos para agradecer

Uma frase atribuída a Sidarta Gautama, ou Buda, diz: "Levantemos para o dia e sejamos gratos. Porque, se não aprendermos muito hoje, pelo menos aprenderemos um pouco, e, se não aprendermos um pouco, pelo menos não ficaremos doentes, e, se ficarmos doentes, pelo menos não morreremos. Então sejamos todos gratos". Nesta semana, faça um exercício a partir desse pensamento. Toda vez que achar que algo deu errado, tente encontrar aspectos positivos na situação e anote-os. Leia-os em voz alta e diga "obrigado" depois de cada um deles. Observe como você se sente depois de fazer isso.

NOTAS

NÃO ESQUECER

SEMANA 4
Seja grato pelo seu corpo

Uma prática comum ao final de muitas aulas de ioga é agradecer ao professor que habita em nós, ou seja, o nosso próprio corpo — com todos os seus limites e contornos, é ele que permite a nossa existência. Durante esta semana, explore tudo que essa combinação incrível de músculos, ossos e sangue permite que você sinta, perceba, ame e deteste. Esteja atento ao volume que suas costas têm, aos movimentos que suas mãos são capazes de executar e alegre-se com essas possibilidades. Seja grato pelo corpo que possui: divirta-se com ele, faça esta semana valer a pena, consciente de todo o bem que ele lhe traz.

NOTAS

NÃO ESQUECER

○ **segunda**

○ **terça**

○ **quarta**

○ **quinta**

○ **sexta**

○ **sábado**   ○ **domingo**

SEMANA 5
Escreva uma carta de agradecimento
Pense em alguém que foi muito importante na sua vida: sua mãe, sua melhor amiga, uma tia, um padrinho, sua primeira chefe, determinado professor. Pense no que aprendeu com essa pessoa. A seguir, escreva uma carta contando sobre como o apoio, os ensinamentos ou o carinho que ela proporcionou moldaram quem você é hoje. Relate tudo em detalhes, transportando a si mesmo e ao outro para aqueles tempos. Depois, dê um jeito de entregar a carta a essa pessoa (se puder levá-la pessoalmente, melhor ainda!).

NOTAS

NÃO ESQUECER

minhas finanças

despesas fixas

DATA	CONTA	VALOR

TOTAL

balanço do mês

SALDO ANTERIOR ....

TOTAL ENTRADAS ....

TOTAL SAÍDAS ....

SALDO ATUAL ....

POUPANÇA ....

entradas

despesas variáveis

DATA	CONTA	VALOR

TOTAL

DATA	CONTA	VALOR

TOTAL

BALANÇO DO MÊS

Anote aqui livros, séries, filmes e músicas que você descobriu nos últimos 31 dias.

○ **AMEI**   ○ **GOSTEI**   ○ **NÃO É PRA MIM**

METAS ALCANÇADAS

O MELHOR DE
dezembro

PRECISO MELHORAR

≫ OS CINCO MELHORES MOMENTOS

anote seus sonhos

Na sua passagem por São Paulo em 2019, a escritora e roqueira Patti Smith contou que, na adolescência, pensava que seria professora e chegou a dar aulas de redação. Quando seus alunos disseram que não sabiam sobre o que escrever, ela deu a todos um caderno e pediu que registrassem todos os dias o que tinham sonhado à noite, mesmo que se lembrassem apenas de imagens como cachorros azuis percorrendo campos verdes.

Escrever sobre os nossos sonhos é uma prática recomendada por muitas correntes de autoconhecimento. No Japão, no Reino Unido e nos Estados Unidos, por exemplo, existem cadernos específicos para isso. Patti confessa que já sonhou projetos inteiros e que aprende muito com o universo onírico. Além disso, anotar os nossos sonhos pode ser um ótimo exercício de disciplina.

Antes de começar, saiba que, às vezes, a nossa capacidade de recordar os sonhos pode diminuir — não fomos programados para lembrar o que sonhamos, pois, nesse momento, o nosso cérebro se dedica a organizar informações, arriscar respostas e formular hipóteses sobre o que nos afeta. Além disso, remédios, álcool, estresse e má alimentação podem prejudicar os ciclos do sono, bem como a nossa memória dos sonhos. Caso esse "branco" aconteça, não se preocupe e pare de anotar por alguns dias. Em pouco tempo, sua ligação com o mundo onírico vai voltar.

A seguir, você vai encontrar pequenas dicas de como adquirir esse hábito. Use-as se quiser, e volte a elas sempre que precisar.

Primeiro, cuide do seu sono. Evite comer muito antes de ir para cama (tente se deitar no mínimo três horas depois da última refeição) e se esforce para manter uma rotina: durma pelo menos sete horas por dia, acorde mais ou menos no mesmo horário.

Antes de dormir, diga em voz alta que vai se lembrar dos seus sonhos. Parece tolo, mas o cérebro guarda a informação.

Além disso, mantenha este planner aberto numa das páginas reservadas para anotar ao lado da cama, com uma caneta posicionada sempre no mesmo lugar — fixar os olhos em um ponto específico assim que acordamos ajuda a retomar as imagens dos sonhos.

Anote os sonhos antes de olhar o celular, sair da cama e ir ao banheiro. Evite ao máximo que distrações cotidianas envolvam você, enfraquecendo a conexão com o que sonhou. Quando você tiver adquirido o hábito de escrever sobre os seus sonhos, essas precauções serão menos necessárias, mas no início são bastante importantes.

Se não se lembrar de nada, escreva a primeira coisa que vier à sua cabeça ao acordar. Há uma chance de isso estar relacionado ao último sonho que você teve e ativar a sua memória. Outro truque para puxar o fio da memória é fazer anotações sobre o que você está sentindo: por alguns instantes, tendemos a permanecer movidos pela emoção do que sonhamos.

Evite usar músicas ou programas de rádio e TV para acordar — esse tipo de som agiliza a nossa saída do mundo onírico. Prefira alarmes mais concisos, como bipes e sirenes. Se você for do tipo que levanta sem despertador, melhor ainda, mas, se precisar de um, deixe-o perto da cama — o processo de se levantar para desligá-lo pode atrapalhar a lembrança dos sonhos. Para ajudar, cole um bilhetinho nele com a pergunta: "o que você sonhou esta noite?".

Escreva **tudo** que se lembrar sobre o sonho. Os diálogos são os primeiros a ser esquecidos, então, anote-os rápido. O objetivo é que você evolua a ponto de recordar as cores, as texturas, o clima e as situações que viveu. Para isso, tente atribuir adjetivos ao que observou enquanto estava

> **Abuse de DESENHOS e CORES na hora de relatar sonhos**

sonhando — por exemplo, "o bolo era bem molhadinho", "a cadeira era alta e imponente" ou "o escritório era frio e mal iluminado".

Com o tempo, além de atribuir adjetivos ao que observou, descreva o que cada situação causou em você durante o sonho — por exemplo, "o bolo de chocolate era bem molhadinho e me deu uma fome imensa" ou "senti muito medo e angústia quando entrei no escritório frio e mal iluminado".

Durante as horas em que dormimos, temos muitos sonhos, mas quando acordamos costumamos nos lembrar somente dos mais recentes. Se você é do tipo que se levanta no meio da noite e volta a dormir com facilidade, anote o que sonhou nesse período, pois é muito difícil ter acesso aos sonhos da madrugada. Também é possível ativar um alarme para tentar se lembrar de um sonho do meio da noite, mas ponha-o para tocar pelo menos quatro horas depois do momento em que você costuma pegar no sono.

Abuse de desenhos e cores na hora de relatar os sonhos. Por exemplo, se você sentiu prazer em algum momento, escreva ou pinte o trecho com a cor verde; se sentiu medo ou aflição, use azul; se sentiu alegria e felicidade, use cores quentes (mas esses códigos são apenas sugestões). Desenhos e símbolos que remetam às suas sensações também são bem-vindos.

Você não precisa passar a manhã inteira escrevendo uma novela sobre o que viveu enquanto estava dormindo, pelo contrário: atente-se a um ou dois sonhos que tenham marcado a sua memória — provavelmente são eles os que têm mais a dizer sobre você neste momento. Às vezes, nos lembramos de fragmentos do que sonhamos ao longo do dia, por isso, mantenha este planner sempre por perto e anote tudo. Esse exercício vai treiná-lo a recordar cada vez mais o que passou por sua mente enquanto você dormia.

Pense nos seus sonhos como filmes ou livros, e dê um título a cada um. Seja conciso e use até cinco palavras — você pode nomeá-lo a partir do tema, das cores ou das sensações mais fortes que experimentou.

Quando tiver um tempo livre, leia um sonho que você já tenha relatado e faça um desenho com base nele — essa é uma ótima forma de estimular a criatividade e a capacidade que você tem de se lembrar do que sonhou. Não se intimide se desenhar não for o seu forte, o que vale é o exercício.

Se você tiver dificuldade ou achar que este não é o momento ideal para começar a anotar os seus sonhos, não se preocupe. As páginas a seguir também podem ser usadas para reflexões, pensamentos e insights que surgirem ao longo dos dias. Quem sabe o que você pode descobrir quando reler suas próprias palavras no futuro? Anote!

balanço geral

Nos últimos 365 dias, você criou listas, cumpriu desafios, fez passeios, preparou receitas e descobriu livros, séries, filmes e músicas. Nestas páginas, convidamos você a fazer uma retrospectiva com os melhores acontecimentos, conquistas e descobertas do ano, além de um balanço sobre seus sonhos e estados de humor.

▶ METAS ALCANÇADAS

1 ....
....
....

2 ....
....
....

3 ....
....
....

4 ....
....
....

5 ....
....
....

▶ METAS QUE AINDA PRECISO REALIZAR

1 ....
....
....

2 ....
....
....

3 ....
....
....

4 ....
....
....

5 ....
....
....

▶ AS DEZ MELHORES COISAS QUE ME ACONTECERAM

1 ....

2 ....

3 ....

4 ....

5 ....

6 ....

7 ....

8 ....

9 ....

10 ....

▶ **5 COISAS QUE DESCOBRI SOBRE MIM MESMO**

1 ....
....
....

2 ....
....
....

3 ....
....
....

4 ....
....
....

5 ....
....
....

▶ **5 HÁBITOS QUE ABANDONEI**

1 ....
....
....

2 ....
....
....

3 ....
....
....

4 ....
....
....

5 ....
....
....

⇶ 3 ENCONTROS INESQUECÍVEIS

1

2

3

⇶ OS 3 MELHORES LIVROS

1

2

3

▶ **AS 3 MELHORES SÉRIES**

1 ....
....
....
....

2 ....
....
....
....

3 ....
....
....
....

▶ **AS 3 MÚSICAS QUE MAIS ME FIZERAM DANÇAR**

1 ....
....
....
....

2 ....
....
....
....

3 ....
....
....
....

▶ 3 FILMES A QUE GOSTARIA DE ASSISTIR OUTRA VEZ

1

2

3

▶ 2 SONHOS QUE MAIS ME INSPIRARAM

1

2

▶▶ **O ESTADO DE HUMOR MAIS FREQUENTE DO ANO**

▶ _____
_____
(título de uma lista que você gostaria de criar)

》▶ _____

_____
**(título de uma lista que
você gostaria de criar)**

▶▶ _____

_____
**(título de uma lista que
você gostaria de criar)**

palavras finais

Parabéns, você terminou mais um ciclo. Nos últimos doze meses, dentro de seus limites e possibilidades, você entrou em contato com o mundo ao redor e se pôs em foco. Você se permitiu viver no presente, expandir os próprios horizontes, aprender com os erros que cometeu e vibrar com os acertos. Você evoluiu.

Agora é o momento de celebrar as conquistas: chame as pessoas que contribuíram para a sua caminhada, agradeça e festeje — a felicidade é feita de pequenas alegrias!

Antes de fechar este planner, refaça a mandala da satisfação e medite sobre as mudanças que ocorreram desde que você a preencheu pela primeira vez. Quais são os próximos passos? Plante outros desejos no seu coração e entregue-se ao final deste ciclo.

> **Você entrou em contato com o MUNDO AO REDOR e se pôs em foco**

mandala
da satisfação

Lembra como faz? Para começar, escolha se possível uma cor para cada pergunta (é legal que as cores sejam as mesmas que você escolheu no início do ano, assim as diferenças ficam mais nítidas). De 1 a 10, as notas menores, que correspondem aos menores níveis de satisfação, ficarão mais próximas do centro da mandala, e as notas maiores, que refletem maior satisfação, vão se aproximar das bordas.

Reflita outra vez sobre cada aspecto proposto e, em seguida, pinte com a cor escolhida a região da mandala que representa a nota que você tem em mente. Não julgue suas notas e decisões, apenas observe o que sente e reflita sobre essa prática.

1. Você está feliz com a sua imagem?
2. Como vai a sua vida financeira?
3. Você consegue expressar seus pensamentos e emoções?
4. Como está a relação com a sua família?
5. Você anda se divertindo?
6. Você está saudável?
7. Como vão os relacionamentos afetivos?
8. E a sua vida sexual?
9. Quanto tempo você dedica a aprender coisas novas e a viajar?
10. Você está contente com a sua carreira?
11. A relação com os amigos está boa?
12. Que nota você daria para sua interação com o mundo ao redor?

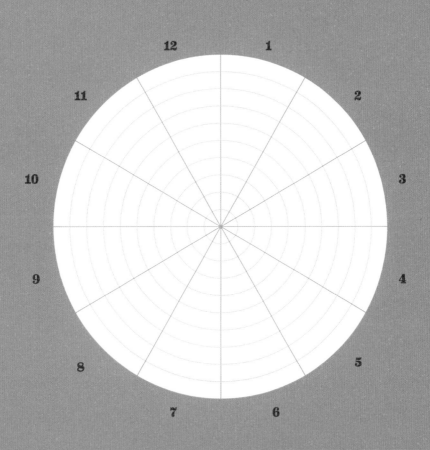

2023

JANEIRO

S	T	Q	Q	S	S	D
26	27	28	29	30	31	1
2	3	4	5	6	7	8
9	10	11	12	13	14	15
16	17	18	19	20	21	22
23	24	25	26	27	28	29
30	31	1	2	3	4	5

FEVEREIRO

S	T	Q	Q	S	S	D
30	31	1	2	3	4	5
6	7	8	9	10	11	12
13	14	15	16	17	18	19
20	21	22	23	24	25	26
27	28	1	2	3	4	5
6	7	8	9	10	11	12

MAIO

S	T	Q	Q	S	S	D
1	2	3	4	5	6	7
8	9	10	11	12	13	14
15	16	17	18	19	20	21
22	23	24	25	26	27	28
29	30	31	1	2	3	4
5	6	7	8	9	10	11

JUNHO

S	T	Q	Q	S	S	D
29	30	31	1	2	3	4
5	6	7	8	9	10	11
12	13	14	15	16	17	18
19	20	21	22	23	24	25
26	27	28	29	30	1	2
3	4	5	6	7	8	9

SETEMBRO

S	T	Q	Q	S	S	D
28	29	30	31	1	2	3
4	5	6	7	8	9	10
11	12	13	14	15	16	17
18	19	20	21	22	23	24
25	26	27	28	29	30	1
2	3	4	5	6	7	8

OUTUBRO

S	T	Q	Q	S	S	D
25	26	27	28	29	30	1
2	3	4	5	6	7	8
9	10	11	12	13	14	15
16	17	18	19	20	21	22
23	24	25	26	27	28	29
30	31	1	2	3	4	5

MARÇO

S	T	Q	Q	S	S	D
27	28	1	2	3	4	5
6	7	8	9	10	11	12
13	14	15	16	17	18	19
20	21	22	23	24	25	26
27	28	29	30	31	1	2
3	4	5	6	7	8	9

ABRIL

S	T	Q	Q	S	S	D
27	28	29	30	31	1	2
3	4	5	6	7	8	9
10	11	12	13	14	15	16
17	18	19	20	21	22	23
24	25	26	27	28	29	30
1	2	3	4	5	6	7

JULHO

S	T	Q	Q	S	S	D
26	27	28	29	30	1	2
3	4	5	6	7	8	9
10	11	12	13	14	15	16
17	18	19	20	21	22	23
24	25	26	27	28	29	30
31	1	2	3	4	5	6

AGOSTO

S	T	Q	Q	S	S	D
31	1	2	3	4	5	6
7	8	9	10	11	12	13
14	15	16	17	18	19	20
21	22	23	24	25	26	27
28	29	30	31	1	2	3
4	5	6	7	8	9	10

NOVEMBRO

S	T	Q	Q	S	S	D
30	31	1	2	3	4	5
6	7	8	9	10	11	12
13	14	15	16	17	18	19
20	21	22	23	24	25	26
27	28	29	30	1	2	3
4	5	6	7	8	9	10

DEZEMBRO

S	T	Q	Q	S	S	D
27	28	29	30	1	2	3
4	5	6	7	8	9	10
11	12	13	14	15	16	17
18	19	20	21	22	23	24
25	26	27	28	29	30	31
1	2	3	4	5	6	7

2024

JANEIRO

S	T	Q	Q	S	S	D
1	2	3	4	5	6	7
8	9	10	11	12	13	14
15	16	17	18	19	20	21
22	23	24	25	26	27	28
29	30	31	1	2	3	4
5	6	7	8	9	10	11

FEVEREIRO

S	T	Q	Q	S	S	D
29	30	31	1	2	3	4
5	6	7	8	9	10	11
12	13	14	15	16	17	18
19	20	21	22	23	24	25
26	27	28	29	1	2	3
4	5	6	7	8	9	10

MAIO

S	T	Q	Q	S	S	D
29	30	1	2	3	4	5
6	7	8	9	10	11	12
13	14	15	16	17	18	19
20	21	22	23	24	25	26
27	28	29	30	31	1	2
3	4	5	6	7	8	9

JUNHO

S	T	Q	Q	S	S	D
27	28	29	30	31	1	2
3	4	5	6	7	8	9
10	11	12	13	14	15	16
17	18	19	20	21	22	23
24	25	26	27	28	29	30
1	2	3	4	5	6	7

SETEMBRO

S	T	Q	Q	S	S	D
26	27	28	29	30	31	1
2	3	4	5	6	7	8
9	10	11	12	13	14	15
16	17	18	19	20	21	22
23	24	25	26	27	28	29
30	1	2	3	4	5	6

OUTUBRO

S	T	Q	Q	S	S	D
30	1	2	3	4	5	6
7	8	9	10	11	12	13
14	15	16	17	18	19	20
21	22	23	24	25	26	27
28	29	30	31	1	2	3
4	5	6	7	8	9	10

MARÇO

S	T	Q	Q	S	S	D
26	27	28	29	1	2	3
4	5	6	7	8	9	10
11	12	13	14	15	16	17
18	19	20	21	22	23	24
25	26	27	28	29	30	31
1	2	3	4	5	6	7

ABRIL

S	T	Q	Q	S	S	D
1	2	3	4	5	6	7
8	9	10	11	12	13	14
15	16	17	18	19	20	21
22	23	24	25	26	27	28
29	30	1	2	3	4	5
6	7	8	9	10	11	12

JULHO

S	T	Q	Q	S	S	D
1	2	3	4	5	6	7
8	9	10	11	12	13	14
15	16	17	18	19	20	21
22	23	24	25	26	27	28
29	30	31	1	2	3	4
5	6	7	8	9	10	11

AGOSTO

S	T	Q	Q	S	S	D
29	30	31	1	2	3	4
5	6	7	8	9	10	11
12	13	14	15	16	17	18
19	20	21	22	23	24	25
26	27	28	29	30	31	1
2	3	4	5	6	7	8

NOVEMBRO

S	T	Q	Q	S	S	D
28	29	30	31	1	2	3
4	5	6	7	8	9	10
11	12	13	14	15	16	17
18	19	20	21	22	23	24
25	26	27	28	29	30	1
2	3	4	5	6	7	8

DEZEMBRO

S	T	Q	Q	S	S	D
25	26	27	28	29	30	1
2	3	4	5	6	7	8
9	10	11	12	13	14	15
16	17	18	19	20	21	22
23	24	25	26	27	28	29
30	31	1	2	3	4	5

2025

JANEIRO

S	T	Q	Q	S	S	D
30	31	1	2	3	4	5
6	7	8	9	10	11	12
13	14	15	16	17	18	19
20	21	22	23	24	25	26
27	28	29	30	31	1	2
3	4	5	6	7	8	9

FEVEREIRO

S	T	Q	Q	S	S	D
27	28	29	30	31	1	2
3	4	5	6	7	8	9
10	11	12	13	14	15	16
17	18	19	20	21	22	23
24	25	26	27	28	1	2
3	4	5	6	7	8	9

MAIO

S	T	Q	Q	S	S	D
28	29	30	1	2	3	4
5	6	7	8	9	10	11
12	13	14	15	16	17	18
19	20	21	22	23	24	25
26	27	28	29	30	31	1
2	3	4	5	6	7	8

JUNHO

S	T	Q	Q	S	S	D
26	27	28	29	30	31	1
2	3	4	5	6	7	8
9	10	11	12	13	14	15
16	17	18	19	20	21	22
23	24	25	26	27	28	29
30	1	2	3	4	5	6

SETEMBRO

S	T	Q	Q	S	S	D
1	2	3	4	5	6	7
8	9	10	11	12	13	14
15	16	17	18	19	20	21
22	23	24	25	26	27	28
29	30	1	2	3	4	5
6	7	8	9	10	11	12

OUTUBRO

S	T	Q	Q	S	S	D
29	30	1	2	3	4	5
6	7	8	9	10	11	12
13	14	15	16	17	18	19
20	21	22	23	24	25	26
27	28	29	30	31	1	2
3	4	5	6	7	8	9

MARÇO

S	T	Q	Q	S	S	D
24	25	26	27	28	1	2
3	4	5	6	7	8	9
10	11	12	13	14	15	16
17	18	19	20	21	22	23
24	25	26	27	28	29	30
31	1	2	3	4	5	6

ABRIL

S	T	Q	Q	S	S	D
31	1	2	3	4	5	6
7	8	9	10	11	12	13
14	15	16	17	18	19	20
21	22	23	24	25	26	27
28	29	30	1	2	3	4
5	6	7	8	9	10	11

JULHO

S	T	Q	Q	S	S	D
30	1	2	3	4	5	6
7	8	9	10	11	12	13
14	15	16	17	18	19	20
21	22	23	24	25	26	27
28	29	30	31	1	2	3
4	5	6	7	8	9	10

AGOSTO

S	T	Q	Q	S	S	D
28	29	30	31	1	2	3
4	5	6	7	8	9	10
11	12	13	14	15	16	17
18	19	20	21	22	23	24
25	26	27	28	29	30	31
1	2	3	4	5	6	7

NOVEMBRO

S	T	Q	Q	S	S	D
27	28	29	30	31	1	2
3	4	5	6	7	8	9
10	11	12	13	14	15	16
17	18	19	20	21	22	23
24	25	26	27	28	29	30
1	2	3	4	5	6	7

DEZEMBRO

S	T	Q	Q	S	S	D
1	2	3	4	5	6	7
8	9	10	11	12	13	14
15	16	17	18	19	20	21
22	23	24	25	26	27	28
29	30	31	1	2	3	4
5	6	7	8	9	10	11

2026

JANEIRO

S	T	Q	Q	S	S	D
29	30	31	1	2	3	4
5	6	7	8	9	10	11
12	13	14	15	16	17	18
19	20	21	22	23	24	25
26	27	28	29	30	31	1
2	3	4	5	6	7	8

FEVEREIRO

S	T	Q	Q	S	S	D
26	27	28	29	30	31	1
2	3	4	5	6	7	8
9	10	11	12	13	14	15
16	17	18	19	20	21	22
23	24	25	26	27	28	1
2	3	4	5	6	7	8

MAIO

S	T	Q	Q	S	S	D
27	28	29	30	1	2	3
4	5	6	7	8	9	10
11	12	13	14	15	16	17
18	19	20	21	22	23	24
25	26	27	28	29	30	31
1	2	3	4	5	6	7

JUNHO

S	T	Q	Q	S	S	D
1	2	3	4	5	6	7
8	9	10	11	12	13	14
15	16	17	18	19	20	21
22	23	24	25	26	27	28
29	30	1	2	3	4	5
6	7	8	9	10	11	12

SETEMBRO

S	T	Q	Q	S	S	D
31	1	2	3	4	5	6
7	8	9	10	11	12	13
14	15	16	17	18	19	20
21	22	23	24	25	26	27
28	29	30	1	2	3	4
5	6	7	8	9	10	11

OUTUBRO

S	T	Q	Q	S	S	D
28	29	30	1	2	3	4
5	6	7	8	9	10	11
12	13	14	15	16	17	18
19	20	21	22	23	24	25
26	27	28	29	30	31	1
2	3	4	5	6	7	8

MARÇO

S	T	Q	Q	S	S	D
23	24	25	26	27	28	1
2	3	4	5	6	7	8
9	10	11	12	13	14	15
16	17	18	19	20	21	22
23	24	25	26	27	28	29
30	31	1	2	3	4	5

ABRIL

S	T	Q	Q	S	S	D
30	31	1	2	3	4	5
6	7	8	9	10	11	12
13	14	15	16	17	18	19
20	21	22	23	24	25	26
27	28	29	30	1	2	3
4	5	6	7	8	9	10

JULHO

S	T	Q	Q	S	S	D
29	30	1	2	3	4	5
6	7	8	9	10	11	12
13	14	15	16	17	18	19
20	21	22	23	24	25	26
27	28	29	30	31	1	2
3	4	5	6	7	8	9

AGOSTO

S	T	Q	Q	S	S	D
27	28	29	30	31	1	2
3	4	5	6	7	8	9
10	11	12	13	14	15	16
17	18	19	20	21	22	23
24	25	26	27	28	29	30
31	1	2	3	4	5	6

NOVEMBRO

S	T	Q	Q	S	S	D
26	27	28	29	30	31	1
2	3	4	5	6	7	8
9	10	11	12	13	14	15
16	17	18	19	20	21	22
23	24	25	26	27	28	29
30	1	2	3	4	5	6

DEZEMBRO

S	T	Q	Q	S	S	D
30	1	2	3	4	5	6
7	8	9	10	11	12	13
14	15	16	17	18	19	20
21	22	23	24	25	26	27
28	29	30	31	1	2	3
4	5	6	7	8	9	10

1ª edição [2020] 2 reimpressões

Esta obra foi composta em Fakt e Eames
e impressa em ofsete pela Gráfica
Santa Marta sobre papel Alta Alvura da
Suzano S.A. para a Editora Schwarcz
em março de 2023

A marca FSC® é a garantia de que a madeira utilizada na fabricação do
papel deste livro provém de florestas que foram gerenciadas de maneira
ambientalmente correta, socialmente justa e economicamente viável,
além de outras fontes de origem controlada.